跟着 Wolly 游
上海

蜗乐居工作室 著 · 绘

重庆大学出版社

图书在版编目(CIP)数据

跟着 Wolly 游上海 / 蜗乐居工作室著绘 . -- 重庆：
重庆大学出版社，2024.6
（纸上大中华丛书）
ISBN 978-7-5689-3879-2

Ⅰ.①跟… Ⅱ.①蜗… Ⅲ.①上海—概况—儿童读物
Ⅳ.① K925.1-49

中国国家版本馆 CIP 数据核字 (2023) 第 081942 号

纸上大中华丛书
跟着 Wolly 游上海
GEN ZHE WOLLY YOU SHANGHAI

蜗乐居工作室　著绘

策划编辑：张菱芷　　　责任编辑：刘雯娜
书籍装帧：隋文婧　　　封面插画：顾佳华
责任校对：刘志刚　　　责任印制：赵　晟

重庆大学出版社出版发行
出版人：陈晓阳
社址：重庆市沙坪坝区大学城西路 21 号
邮编：401331
电话：(023)88617190　88617185(中小学)
传真：(023)88617186　88617166
网址：http://www.cqup.com.cn
邮箱：fxk@cqup.com.cn(营销中心)
全国新华书店经销
天津裕同印刷有限公司印刷

开本：787mm×960mm　1/16　印张：8　字数：189 千
2024 年 6 月第 1 版　2024 年 6 月第 1 次印刷
ISBN 978-7-5689-3879-2　定价：68.00 元

本书如有印刷、装订等质量问题，本社负责调换
版权所有，请勿擅自翻印和用本书
制作各类出版物及配套用书，违者必究

致所有终将启程的孩子

上海？

我当然知道不是 伤害

是有

城隍庙小笼包的 上海！

目录

01 海纳百川
长江入海口　2
沪　　　　　5
上海　　　　6

02 魔都里的老城
老城厢　　　14
◎ 城隍庙 ◎ 豫园

徐家汇　　　24
◎ 徐光启
◎《农政全书》
◎《几何原本》

03 租界里的花房子

租界　　　34
◎ 通商口岸　◎ 马勒别墅
◎ 邬达克先生的杰作
◎ 上海犹太难民纪念馆

外滩　　　50
◎ 万国建筑博览
◎ 海关大楼

弄堂　　　63
◎ 石库门　◎ 四大金刚

04 城市让生活更美好

改革开放　70
滨江岸线　73
立体交通　74
◎ 地铁

陆家嘴　　80
◎ 上海中心大厦
◎ 上海少女

世博源　　90
◎ 世博会　◎ 世博轴
◎ 中国馆

上海博物馆　105
◎ 青铜器　◎ 鼎　◎ 编钟
◎ 八牛贮贝器

CHAPTER 01

海纳百川

上海人最爱用"海纳百川"形容自己的城市,因为万里奔腾的长江在这里恢宏入海,因为千百年江水裹挟的沙石在这里堆积成沃土,更因为来自全世界的千万新老上海人在这里一起打拼,让上海成为世界一流的国际大都市!如海一般包容,这就是上海的胸襟和气度。

长江入海口

青海
简称 青

长江发源于青藏高原上的唐古拉山脉。

四川
简称

西藏
简称

重庆
简称 渝

云南
简称

我国最长的河流。它有6300余千米长，大约是地球一圈的六分之一。

上海在我国东部，是 长江 尾巴上的一个超级大城市。

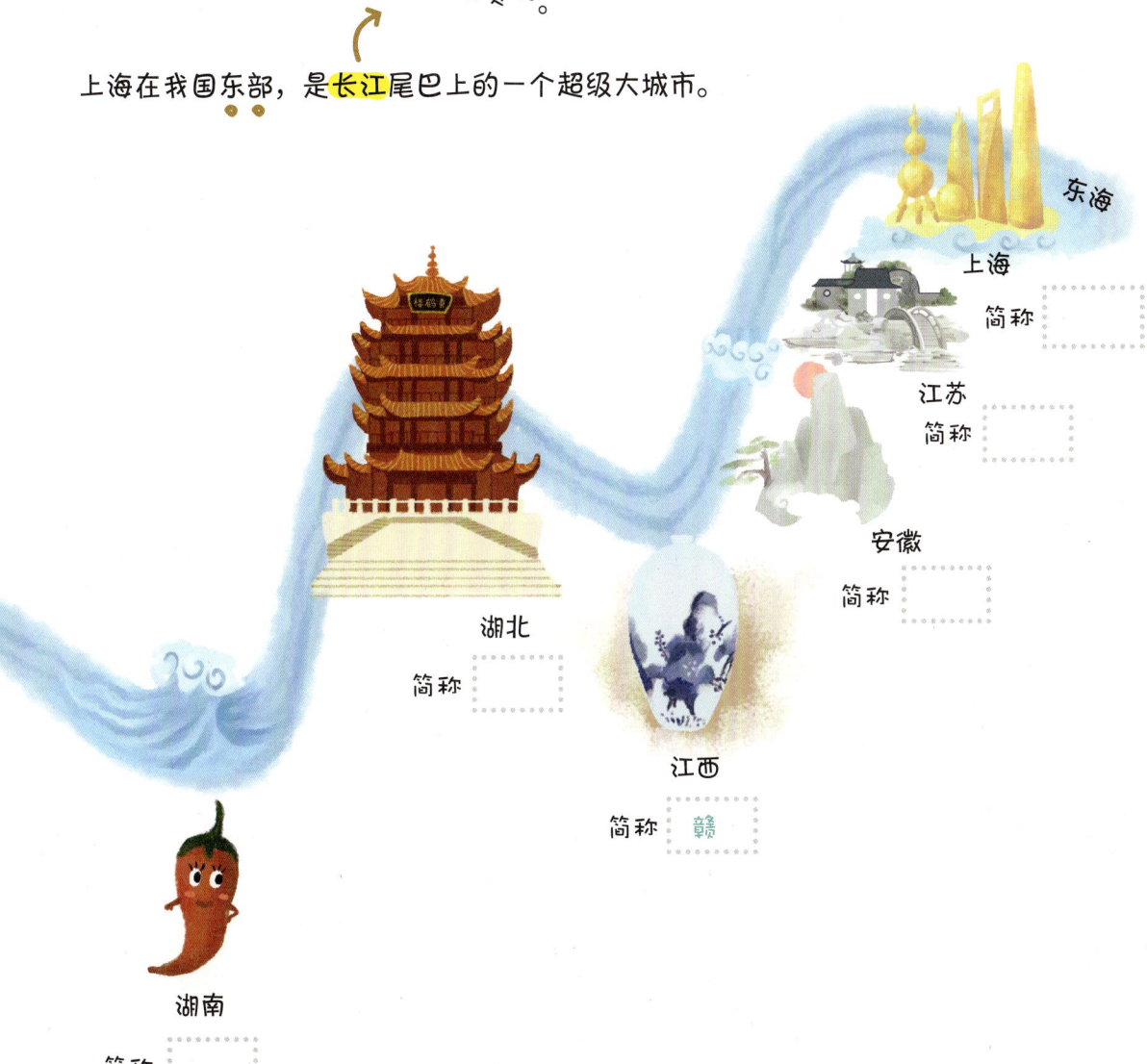

东海

上海
简称 ☐

江苏
简称 ☐

安徽
简称 ☐

湖北
简称 ☐

江西
简称 赣

湖南
简称 ☐

长江从青海出发，一路马不停蹄地向东奔去，在上海的吴淞口汇入东海。

长江一路奔腾，还一路裹挟着沿途的泥沙。这些泥沙堆积在长江的尽头，慢慢攒成了上海的土地。

上海的土地凝聚了长江流域的水土精华！

崇明 → 我国的第三大岛屿

长江

黄

西浦

江

浦东

穿过上海，将上海市区分为浦西和浦东两个部分。

也叫"黄歇浦""春申江"。传说战国时期春申君黄歇曾带领上海先民疏通河道，解决了威胁百姓生命的水患。子孙后代感念春申君的恩德，把治理水患的故事附会在这条对上海极其重要的河流上，为之命名。

4

长兴岛

横沙岛

因为靠近长江和大海，这里有好多鱼。涨潮时，鱼虾们随着上涨的潮水游到"扈"里；等潮水退去时，大个头的鱼虾们就被"扈"拦住了。

上海先民以捕鱼为生，他们发明了一种用竹子做的捕鱼工具——扈。上海后来简称"沪"就源于此。

上海

谁会料到,当年名不见经传的小渔村,如今已成为我国首屈一指的国际化大都市!

上海的别称"申"就源自我!

传说战国时期,上海地区属于春申君的封地,不起眼的它甚至没有一个专属的名字。

随着滩涂变大、人口增多,1292 年,元朝政府正式在上海设县,这是上海建城的开始。

清朝晚期,上海被迫成为向其他国家开放的通商贸易口岸,很多外国人来到这里工作和生活。

改革开放之后,来自世界各地的人们汇聚在这里,施展自己的才华。

现在整个上海的土地面积达到6340.5平方千米,相当于东京面积的3倍,巴黎面积的60倍。

可即便这么大,上海还是被塞得满满的。20□□年底,上海常住人口总数达到□□□□□人,这大概是纽约的□倍呢。

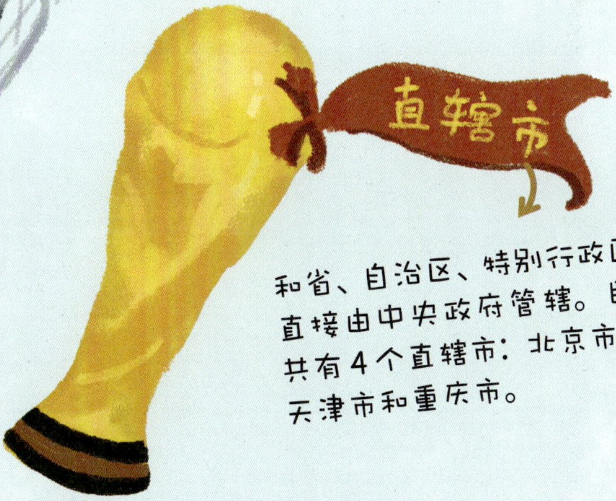

上下班高峰时的上海地铁

直辖市

和省、自治区、特别行政区同等级,直接由中央政府管辖。目前,我国共有4个直辖市:北京市、上海市、天津市和重庆市。

中华人民共和国成立后,上海升级为直辖市,跟随改革开放的步伐迅速成长,成为集国际经济、金融、贸易、航运、科技创新中心为一体的大都市。

在大家的共同努力下，上海变得越来越高！

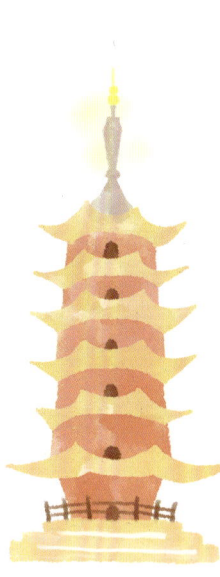

唐代经幢 高 9.3 米
上海地面上最古老的文物，也是全国唐代经幢中最完整、高大的一座。

龙华塔 高 41.03 米
北宋年间的遗迹。传说此塔最早是三国时期孙权为母亲建造的。

徐家汇天主堂 高 56.6 米
1910 年落成，是上海最大的天主教堂。

和平饭店 高 77 米
1929 年建成，是中国第一个世界著名饭店，当年被称为"远东第一楼"。

国际饭店 高 83.8 米
1934 年建成，曾保持上海第一高楼的纪录近 50 年。

东方明珠 高 468 米
1994 年建成，是上海第一幢超高层建筑。

亲爱的外国朋友，你们好！我是徐光启！

明朝晚期，上海人徐光启努力学习西方科学技术，为中西文化交流作出重要贡献。

1990年，上海建立了全国第一个金融贸易区——陆家嘴金融贸易区。

1990年，上海建立了新中国第一家证券交易所——上海证券交易所。

2006年底，上海磁浮列车示范线正式投入使用，是世界上第一条投入商业化运营的磁悬浮列车线路。它行驶起来就像飞一样，还很安静，没有污染！

2010年，上海成功举办了世博会。

富有创新和进取精神的上海变得越来越==厉害==！

2017年，首架国产大飞机C919在上海成功完成首飞。

国家会展中心

2018年，创办了全世界第一个以进口为主题的世界性博览会。

白玉兰

和先长叶子再开花的普通植物不同，每年初春，天气还透着凉意，它就急忙忙地开花了。上海人觉得白玉兰最能代表上海人==积极进取==的精神，就把它选为市花。

白玉兰开花时，叶子还在打瞌睡！

CHAPTER 02

魔都里的老城

现代、繁华、摩登，这是大家对魔都上海的印象。其实，魔都里也藏着古色古香。在豫园与城隍庙，找得到属于江南的白墙黛瓦、水乡风情。在徐家汇商圈，也能寻访明朝大儒徐光启的遗迹，只需听听他的故事，你就会发现，古代的上海人便已对世界充满好奇！

当然，上海人也不是好惹的！他们有钱出钱、有力出力，仅仅用了两个月的时间就造起三层楼高的城墙，把上海围了起来。倭寇再也进不来了！

上海县的安定还要归功于两位大人物！他们住在**城隍庙**里，一直默默守护上海的安宁。那就是汉代守卫国家的大臣**霍光**和元末明初勤政为民的好官**秦裕伯**！

城隍庙一般是供奉城隍神的庙宇，上海人习惯把城隍庙、豫园、城隍庙商区统称为"城隍庙"。

豫 园

城隍庙商区

城隍庙

他们可是上海的城隍神！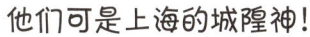

每个地区基本上都有自己的城隍神，他们一般是历史上真实存在过的人物，生前为国家或当地作出过贡献，人们把他们奉为神灵，希望他们能在死后继续惩恶扬善、保护地方。

虽然生前没来过上海，死后被奉为上海的城隍神也是极好的——隔壁的南翔馒头老好吃了！

我可是正宗的上海县人！

霍光
（？—公元前68）

鸱吻
可以避火

秦裕伯
（1296—1373）

曹国舅

吕洞宾

蓝采和

何仙姑

保障海隅

17

每年春节，城隍庙是上海最有年味的地方之一。摩肩接踵的人潮走在九曲桥上，送走曲折，赶走霉运——以前的人相信妖怪只会沿直线漂移，不会转弯，所以只要走过弯弯曲曲的九曲桥，就能甩掉鬼怪，迎来好运啦。

对了，"九"和"久"同音，因此还有长久的意思呢！

九曲桥
虽然名叫"九曲"，但实际上可不止九道弯。"九"是十以内最大的数字，人们常用它表示"很多"，所以九曲桥就是"有很多道弯的桥"。

九曲桥边的南翔馒头店是全上海最有名的小笼包店。这里的小笼包皮薄、馅鲜、汤汁多。

上海方言里没有"包子"这个词，不管有馅没馅都叫"馒头"。肉包子，就叫肉馒头；小笼包，就叫小笼馒头。

要优雅地吃小笼包还真是门技术活儿，刚出笼的小笼包要是吃得太急，轻则溅人一身汤汁，重则烫伤自己的舌头。

 肉皮冻

和肉糜一起包在小笼包里，加热后就会变成鲜美的汤汁。

＋

 肉糜

＋

 面皮

↓

 18个褶

小朋友吃小笼包，可以把小笼包放在小空醋碟里，然后用筷子戳一下它的肚子，让汤汁流出来，再夹起小笼包蘸醋吃。

最后端起小碗把汤汁喝掉。

19

豫园大概是热闹的城隍庙里唯一一个安静的地方吧，它是明代刑部尚书潘允端的私家园林。潘先生可是个大孝子，他为了让父母高兴，就为他们造了这个院子，取名为"豫园"。

"欢喜""愉悦"的意思。

卧云龙墙
皇帝的龙都是五爪，潘先生的龙是三爪。

会景楼

涵碧楼

积玉水廊
江南最长的长廊

徐家汇

↑ 上海的城市副中心之一

徐家汇和城隍庙一样,也是个热闹的地方。不过,它的名字也真是奇怪,难道住在这里的人都姓徐吗?

徐汇公学(今徐汇中学)
1850年创办,是近代上海最早按照西方办学模式创立的学校之一,除传统学堂里的国文课程外,这里还教外文、音乐、美术、科学和体育。

徐光启墓
1633年,徐光启去世后被葬在这里。

嘿,还真差不多。很久以前,这里只是上海县城外一个不起眼的小村子。后来因为大名鼎鼎的 **徐光启** 和后世子孙们的耕作居住,才逐渐发展起来。再加上这里有三条水系交汇,人们便给它起名"徐家汇"。

↗ 地地道道的上海人,明朝礼部尚书兼文渊阁大学士、内阁次辅,在农业、数学、天文历法、军事等领域都有很高的成就。

↓ 法华泾、肇嘉浜和蒲汇塘三条水道交汇的地方。

当年,全上海都找不到像我这么大、这么精美的建筑!

徐家汇藏书楼
始建于1847年,是上海现存最早的近代图书馆。

徐家汇天主堂
1910年建成,正式名称为圣·依纳爵主教座堂,是上海最大的天主教堂。

泾、浜、塘都是水道的意思。上海也曾是一个水系发达的江南水乡,但随着城市的发展,很多河道被填平了。今天我们只能从上海的路名里寻到过去水乡的痕迹,比如肇嘉浜、北新泾等。

徐光启可是个好官。据说，有一年南方发大水，粮食作物受灾严重，徐光启听说福建商人从国外引进了好种又高产的农作物——甘薯，便想拿到上海种植，解决百姓饥荒问题。

从小就对任何事物都很好奇的学霸徐光启考中进士当了官,结识了意大利传教士利玛窦。

徐光启还和意大利传教士利玛窦一起翻译了古希腊数学家欧几里得的经典著作《几何原本》前六卷!

我从八万里外而来,哎呀,都记不清这船颠了多少个月了,让我再去吐一会儿。

欧几里得先生,你是要玩七巧板吗?

那是三角形,漂亮的几何图形!

几何学的简称,主要研究形状、大小、相对位置、空间关系等内容。

17世纪,意大利传教士利玛窦带着《几何原本》等一批科学书籍漂洋过海来到中国。

> 古代罗马人用的语言，就像我们古人用的文言文一样。

他们将《几何原本》从拉丁文翻译成了中文，我们现在数学课上讲的"三角形""角""线段"……就是他们当时翻译的！

《几何原本》第Ⅰ卷命题 32
证明三角形内角和等于二直角，也就是 180°。

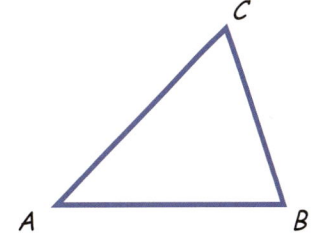

(1) 延长 AB 到 E
（运用"线段可以延长"这一真实命题）

(2) 过 B 点作 BF 平行于 AC
（运用"过直线外一点，可以作已知直线的平行线"）

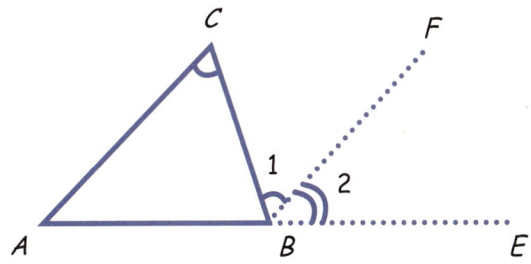

(3) ∠C = ∠1
（运用"两直线平行，内错角相等"）

(4) ∠A = ∠2
（运用"两直线平行，同位角相等"）

(5) ∠ABC + ∠1 + ∠2 = 180°
（运用"平角的度数"）

(6) ∠ABC + ∠C + ∠A = ∠ABC + ∠1 + ∠2
（运用"等量代换"）

(7) ∠ABC + ∠C + ∠A = 180°
（运用"等量代换"）

> 400 多年前的上海小朋友们已经在做数学题了？！

CHAPTER 03

租界里的花房子

上海开埠后,世界各地的人们纷至沓来,在租界里盖起了藏着斑斓世界的花房子:有时髦的影院,有线条感十足的摩登高楼,有中西结合的石库门民居,还有戴女巫帽的大别墅!

租界

1842年，上海被迫成为第一批对外开放的**通商口岸**之一。

那时候的英国人特别想和中国人做生意，因为他们的工厂制造了太多商品，都快卖不出去了！

> 中国这么大，人那么多，如果能把货物都卖给他们，肯定能赚不少钱！

> 我们中国这么大，什么都有，而且我们自己也会做，为什么要买你们的？

英国人没有达到目的，于是在1840年找了个借口和大清打了一仗，这就是著名的鸦片战争。战败的清朝只能答应英国，开放五座沿海城市作为中英之间做买卖的港口。

首任英国驻沪领事巴富尔来到上海。他挑了上海县城外的一块土地，作为英国人在上海建屋居住的区域——上海英租界。

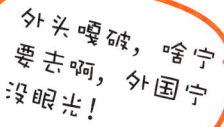

外头嘎破，啥宁要去啊，外国宁没眼光！

上海话：城外这么荒凉，谁要去啊，外国人没眼光！

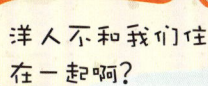

洋人不和我们住在一起啊？

听说租界里的外国人不归政府管，就算犯法也不用坐牢的！老吓人了！

上海话中"老"的意思。

寅时五更，早睡早起，保重身体！

上海县

后来，连法国人、美国人也跑到上海划定租界，上海的租界变得越来越大。上海成为商贾云集的繁华港口，原来古色古香的上海也冒出了许多西洋样式的房子。

国际饭店
黄浦区黄河路28号，公共租界西区。

马勒别墅
静安区陕西南路30号，带尖顶的房子，曾经是叱咤上海的马勒先生的别墅。

跑马场
黄浦区，现在的人民公园，曾经是举办赛马的地方。

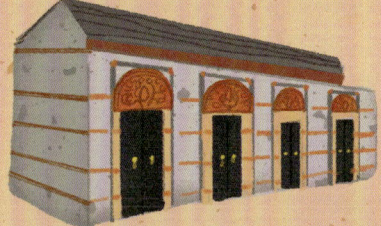

中国共产党第一次全国代表大会会址
黄浦区黄陂南路374号，中国共产党就在这里诞生。

这座戴着尖尖女巫帽的**马勒别墅**是造船大亨马勒先生的家。据说马勒先生的小女儿有一天梦见自己在一个有尖顶别墅的漂亮花园里玩耍,看女儿那么喜欢梦里的大城堡,马勒先生就决定把它变成现实!

英籍犹太人

房子的内部被装修得酷似一艘大邮轮,可豪华了!

走在拐弯抹角、上上下下的楼梯上,就像是在船舱内行走。

圆形的窗户如船上的舷窗。

装饰图案还有不少海洋元素,有海浪、海藻、船帆等图案。

桌子就像一个"船舵"。

其实，当年马勒的爸爸老马勒刚到上海时还是一贫如洗、两手空空。父子俩白手起家，凭借独到的商业眼光，成了上海滩煊赫一时的商人！

1859年，老马勒创立了"费赐洋行"（lài），代理航运业务。随着生意越做越大，老马勒开始购置自己的船只运送货物。

你们负责做生意，我负责海上快递！

1913年，马勒继承了父亲的航运事业，并在1928年创办了马勒机器造船有限公司，也就是沪东造船厂的前身。

上海或许就是一块神奇的土地，只要你有才能、肯努力，就有机会成功。1919年，另一位小青年在第一次世界大战的炮火中九死一生，一路流浪到了上海。他就是未来的"大上海形象设计师"——邬达克！

1893年，邬达克生于斯洛伐克。

1918年，邬达克从第一次世界大战战俘营里逃出，流亡到上海。凭借读书时学的建筑学知识，他很快就找到一份建筑师助理的工作。

大光明电影院
重建于1933年，时髦的造型让它享有"远东第一影院"的盛名。

绿房子
1938年建成，因其建筑和围墙大量采用绿色面砖而得名，它是邬达克在上海的最后一件作品。

上海许许多多风格迥异的漂亮房子都是**邬达克先生的杰作**！

武康大楼
始建于1924年，长得像熨斗一样。

1925年，邬达克拥有了属于自己的建筑事务所。

邬达克在自己的得意之作——大光明电影院里留下了自己的签名。瞧，电影院的地上、通风口等地方都有奇特的图案，其中隐藏着几个拉丁字母，即邬达克的名字 L.E.HUDEC。

试着找找看吧！

爱神花园

1931年落成，是实业家刘吉生送给妻子的40岁生日礼物。邬达克被两人相濡以沫的爱情所感动，就以爱神丘比特和普绪克的爱情故事为题，设计了这座建筑。现在，这里是上海市作家协会所在地。

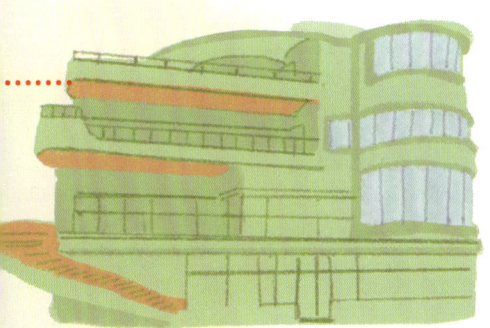
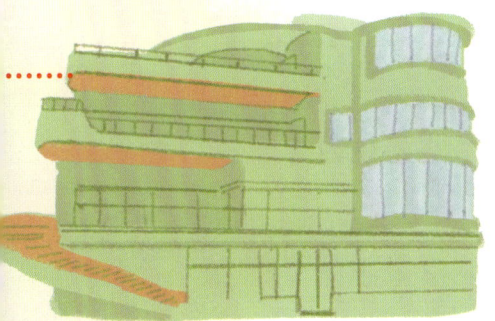

邬达克纪念馆

建于1930年，英国乡村风格，曾经是邬达克在上海的家。

息焉堂

始建于1931年，是中国少有的拜占庭式教堂。

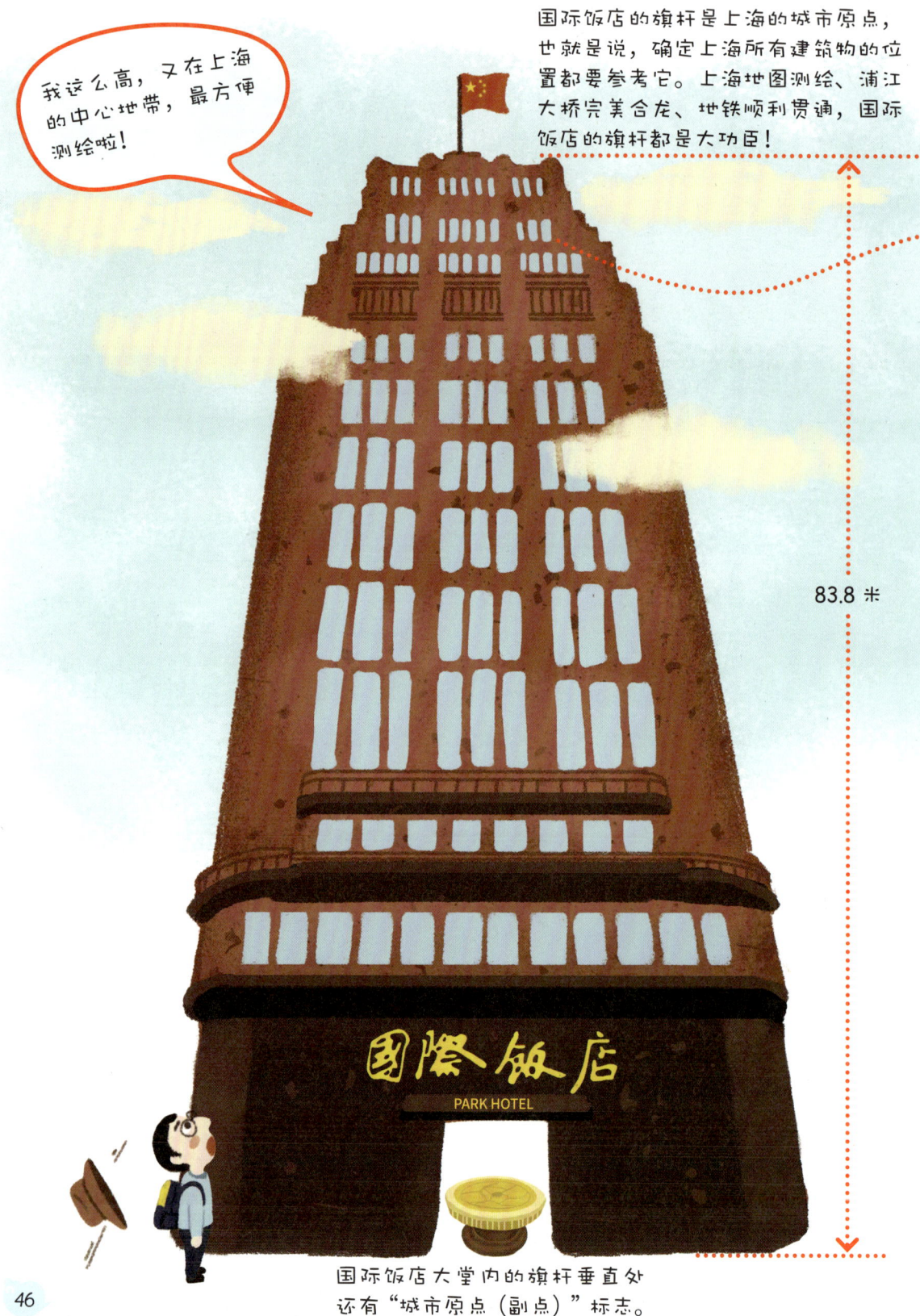

国际饭店大堂内的旗杆垂直处还有"城市原点（副点）"标志。

邬达克设计的最潮国际饭店，在 1934 年建成后的半个世纪里都是上海第一高楼。

也是"远东第一高楼"

用几何形状装饰的高楼，也是当时纽约曼哈顿最潮的建筑风格。整个大楼用又轻又坚固的钢搭骨架，用钢筋混凝土做成楼板。大楼每层设有消防水龙头和当时极为先进的自动灭火喷淋装置。

国际饭店的蝴蝶酥老好吃了！

上海老克勒
受到西方文化影响，喜欢穿西装礼服、喝咖啡、参加舞会，生活讲究，举止优雅的男性。

开放的上海不仅接纳努力奋斗的人,还为流亡避难的人们提供庇护。20世纪三四十年代,对犹太人有很深偏见的德国纳粹党发动了反犹太人的运动。犹太人不是被杀害,就是成了难民,不得不四处流亡。

当时信仰犹太教的人以及由犹太母亲所生的人。

20世纪前半叶的一个德国法西斯政党。

人心惶惶之时，上海向犹太难民敞开大门。为了纪念这段历史，上海在曾经的犹太摩西会堂旧址上建起了**上海犹太难民纪念馆**。

上海先后接纳了3万多名来自德国及德国占领地区的犹太难民。

外滩

外滩 6 号
这座仿哥特式的建筑里曾诞生了中国人自己创立的第一家银行——中国通商银行。

外滩 12 号
曾是上海市政府大楼。

外滩 13 号
上海海关大楼。

我真是有远见啊!当年黄浦江畔,还是一丛丛芦苇荡子呢!

外滩 14 号
上海市总工会大楼，几何化线条和黑白的强烈色彩，充满现代气息。

外滩 20 号
沙逊大厦，有 77 米高，是外滩最高的楼。

外滩 23 号
原中央银行、中国银行上海分行大楼。作为中西元素的完美融合，大楼主体是西式的摩天大楼，四方攒尖屋顶，镂空花格窗，檐部的石质斗拱又是典型的中式风格。

外白渡桥
位于苏州河下游，1908 年建成。

免费渡河

越来越多远道而来的人们和漂洋过海而来的货物，让黄浦江码头变得热闹非凡。很快，建筑师们也带着世界各地的特色建筑在这里大显身手，外滩成了**万国建筑博览**之处。

南起延安东路，北到外白渡桥，长约 1.5 千米的一段区域。

在我国历史上，最早的"关"是指边远地上的动界。相传，周朝时老子用一篇《道德经》获得了出关许可。到了宋朝，"关"的范围扩大，包含陆地和海洋的动界。

"你没有盖出关章，不能出关。"

可以理解为边界国境线。

当然，海关大楼最重要的作用还是保护大家。比如，为了不让外国的坏人威胁大家的人身和财产安全，海关限制犯罪人员入境。为了保护人民安全以及本地动植物的生态，会对进口产品进行检验检疫，防止有害的细菌、动植物被偷偷带进来。

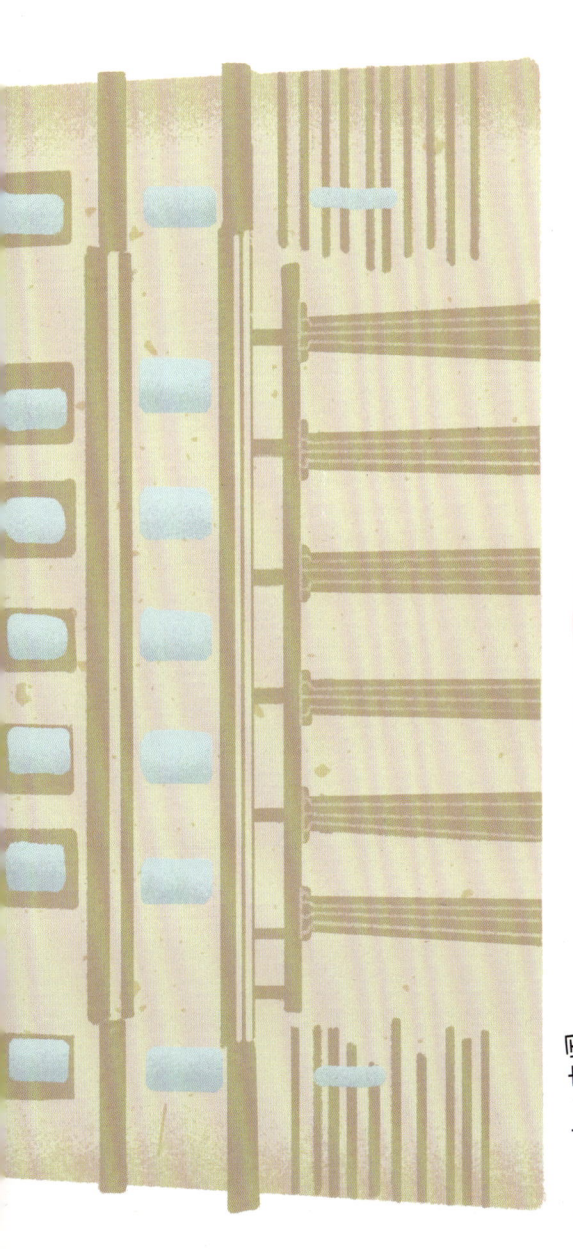

现在的上海浦东发展银行的总部驻地大楼是由建造海关大楼的英国设计师乔治·L.威尔逊设计建造的,它可是当时"从苏伊士运河到白令海峡最讲究的建筑"。

铜狮施迪象征平安。

古典主义建筑特色,源于古罗马建筑。

左右对称、横三段式的样式让建筑看起来庄重典雅。

心理学家说,稳重的建筑外观能增强储户的安全感。

大厦内部的八角厅里贴满了马赛克壁画。

塞纳河畔,法兰西共和女神带领着胜利女神和共和国守护神。

马赛克壁画
用小石子或小玻璃片拼成的壁画。

手持三叉戟的不列颠尼亚女神同伦敦守护神和泰晤士河守护神。

自由女神带领掌管商业和通信的天神赫尔墨斯与美国联邦守护神。

东京皇居外壕、霞关官厅建筑群和富士山组成的背景前,学习女神带领着"进步"与"科学"两兄弟。

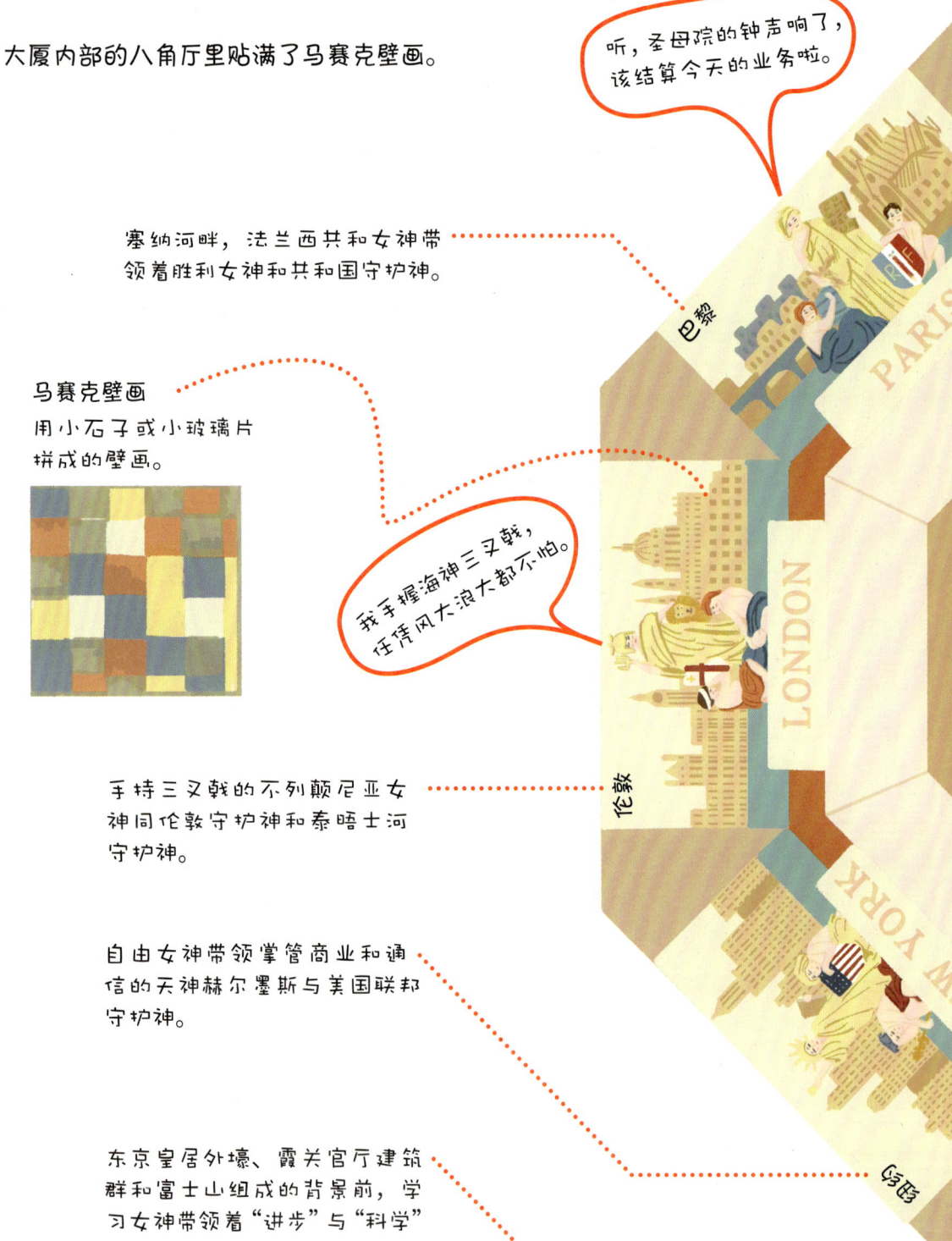

"不要吵了，这不同的货币怎么比呀，让我来找个衡量标准。"

幸亏有了银行，人们只要在那里将钱按照汇率兑换成需要的货币，就能顺利地做买卖了。

用不同货币的各个国家为了做买卖方便，会找一个大家都公认的有价值的东西作为媒介，比如黄金，可以用它来衡量本国货币和其他货币的关系。

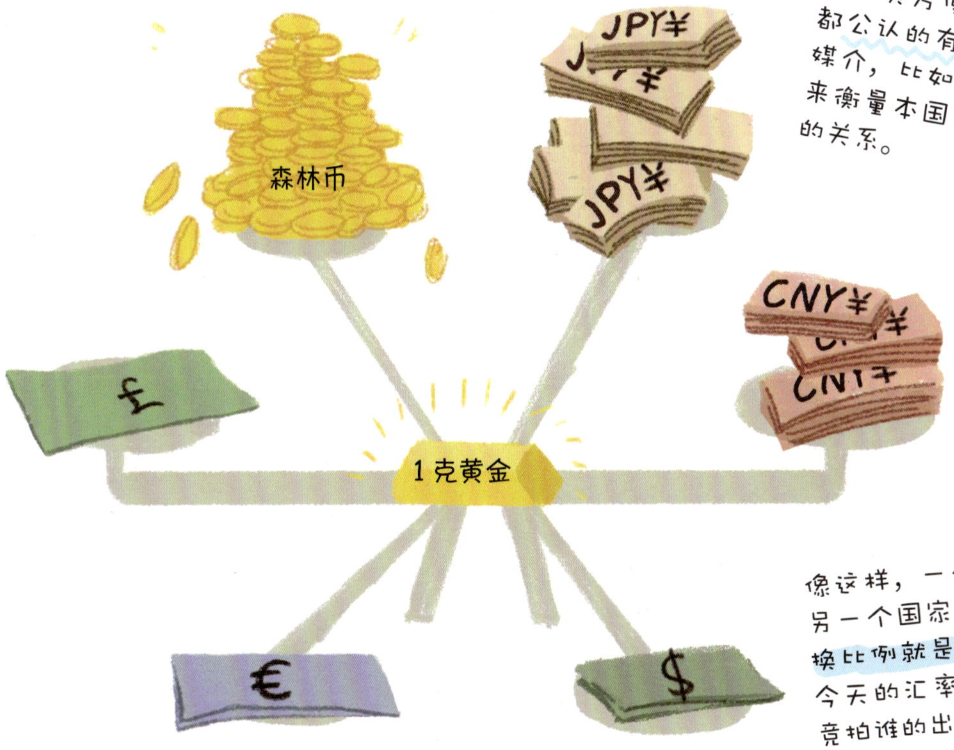

像这样，一个国家的货币与另一个国家的货币之间的兑换比例就是汇率了。请查查今天的汇率，看看这次图书竞拍谁的出价最高吧！

假设：

1 克黄金 = CNY¥300

1 克黄金 = 9000 森林币

那 CNY¥1 = ☐ 森林币   今天是 ☐ 年 ☐ 月 ☐ 日

$20 = CNY¥ ☐   £40 = CNY¥ ☐

€25 = CNY¥ ☐   JPY¥20000 = CNY¥ ☐

最后，☐ 能竞拍成功。

61

弄堂

拥有西式联排别墅的外形，中式房屋的传统布局和花纹装饰。

在众多西式建筑的影响下，融合中西风格的民居——**石库门** 在上海的租界里诞生了。

19 世纪五六十年代，由于战乱，很多人跑到治安较好的租界避难。为了容纳庞大的人流，节省空间，房地产商就依照英国联排建筑的形式搭起了房子。

弄堂
一幢幢石库门连在一起就形成了联排，一排排石库门之间窄小的空当就是"弄堂"。

门楣多为三角形或圆弧形。

使用**石条砌成**的门框，配以两扇传统的乌漆大门和铜门环，"石库门"因此得名。

1921 年 7 月 23 日，中国共产党第一次全国代表大会在法租界的石库门内举行。

那时，富有的人家可以买下一幢石库门当别墅住，而条件一般的往往十几户合住在一幢里，可挤了。

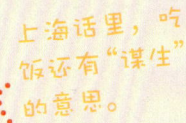
上海话里，吃饭还有"谋生"的意思。

晒台
能晾晒衣服。

侬想吃啥饭？

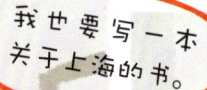
我也要写一本关于上海的书。

亭子间
石库门里最低矮窄小的房间，高度只有2米左右，所以它的房租最便宜。许多作家曾在亭子间里开始自己的文学梦。巴金的小说《团圆》就诞生在亭子间里。

一般的房间高度都在2.8～3.6米。

灶披间
相当于厨房。

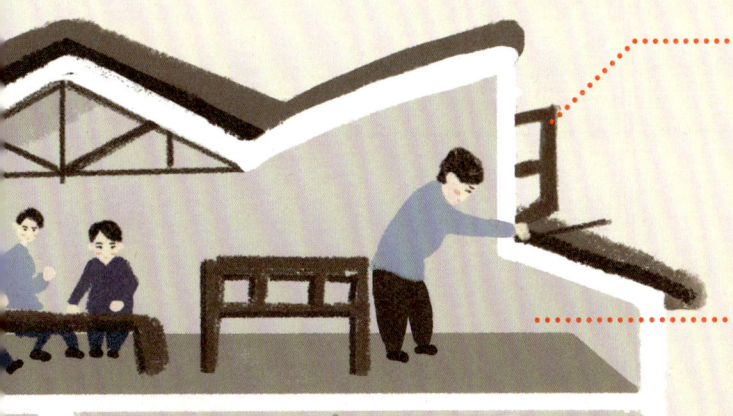

老虎窗
屋顶上的小窗户，
"老虎"是 roof 的音译。

阁楼
屋顶下的房间，相当于杂物储存室。

前楼
客堂上面的屋子，通常朝南，
宽敞明亮，被用作主卧室。

客堂间
相当于客厅。

天井
可以种花栽草的小花园，相当于院子。通风、采光好。

不过，住得再挤，也要吃好，尤其是早餐！上海最地道的早餐要属大饼、油条、粢饭团和豆浆啦！

传说中把守天门的四位天神

上海人还管他们叫四大金刚——有这样四位"天神"护体，新的一天一定会无比踏实。

救命啊！绑架啦！

放开我，我要去救我的兄弟！

让我们一起进化成为粢饭团！

大饼和油条才是绝配！

粢饭团
油条、咸蛋黄、肉松、糖、芝麻、榨菜、咸菜，饭团内馅随你搭配。

油条
早餐界的百搭小能手！可以蘸酱油吃，夹在咸大饼里吃，泡在豆浆里吃，卷到饭团里吃……

大饼
圆的是甜的，椭圆形的是咸的。

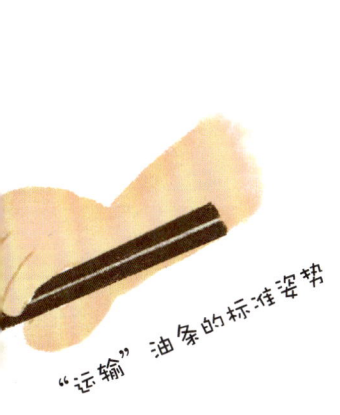
"运输"油条的标准姿势

生煎馒头

麻球

老虎脚爪
长得像老虎爪子的面食。

锅贴

泡在豆浆里的油条也很好吃啊！

甜豆浆
豆浆+糖。

咸豆浆
要配上虾皮、紫菜、榨菜、香菜、葱花和碎油条。

城市让生活更美好

上海的立体交通四通八达，在滨江岸线跑步健身，还能欣赏滨江两岸的美景；在城市的各个角落，潜伏着各类博物馆、美术馆；那挑战极限高度的上海中心大厦绿色环保——城市让生活更美好，也让自然更美好！

改革开放

1990年4月18日,党中央、国务院正式宣布开发开放浦东!

中华人民共和国成立后,上海在改革开放中日新月异,变得更加现代与宜居。

曾经,上海所有的繁华似乎都与浦东无关,夜晚黄浦江西岸灯火璀璨,黄浦江东岸则一片漆黑。

宁要浦西一张床,不要浦东一间房。

浦东生活太不方便了!

侬踏着吾额脚了!

上海话:你踩到我的脚了!

短短30年间,无数高楼在陆家嘴金融中心乃至城市的各个角落拔地而起;无数国际、国内企业在上海落户发展;宽阔平坦的大道,向城市四面八方延伸拓展;上海人从小里弄搬进大公寓,公园绿化,让城市处处展现美景,缔造出上海市民的幸福生活。

2010年世博会志愿者标志就是以蜿蜒的黄浦江流向设计的。

滨江岸线

中华艺术宫

东方体育中心

南浦大桥

165米高的钢筋混凝土烟囱,被改造为城市温度计。

梅赛德斯-奔驰文化中心

上海当代艺术博物馆
中国大陆第一家公立当代艺术博物馆,由原南市发电厂改造而来。

卢浦大桥

跑道公园

龙美术馆

往日嘈杂繁忙的黄浦江码头变身为有花、有草、有运动场的滨江公共空间,沿着它走,边看风景边锻炼,可惬意了。

黄浦江两岸的滨江公共空间全长45千米。

立体交通

轮渡
能够搭载行人、自行车、摩托车等，是20世纪80年代最主要的过江工具。那时，人们乘船过江至少需要半个小时。

隧道
1971年，上海建成了第一条隧道。如果交通顺畅，从浦西到浦东只需要几分钟！

地铁的隧道一般会建得两头高中间低。出站的列车由于下坡可以很快地提高速度，

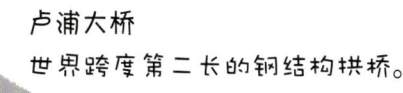

卢浦大桥
世界跨度第二长的钢结构拱桥。

要是想过江走走,那也有很多选择,乘车、乘摆渡船、搭地铁、游过去……游过去当然是不行的,江上大轮船开来开去,很危险啦!

地铁
1993年,上海建起第一条地铁,也就是现在的1号线。2000年,第一条过江地铁线路——2号线建成,从此过江只需要2分钟!

而进站的列车又能借助上坡来降低速度,这样就可以节能啦。

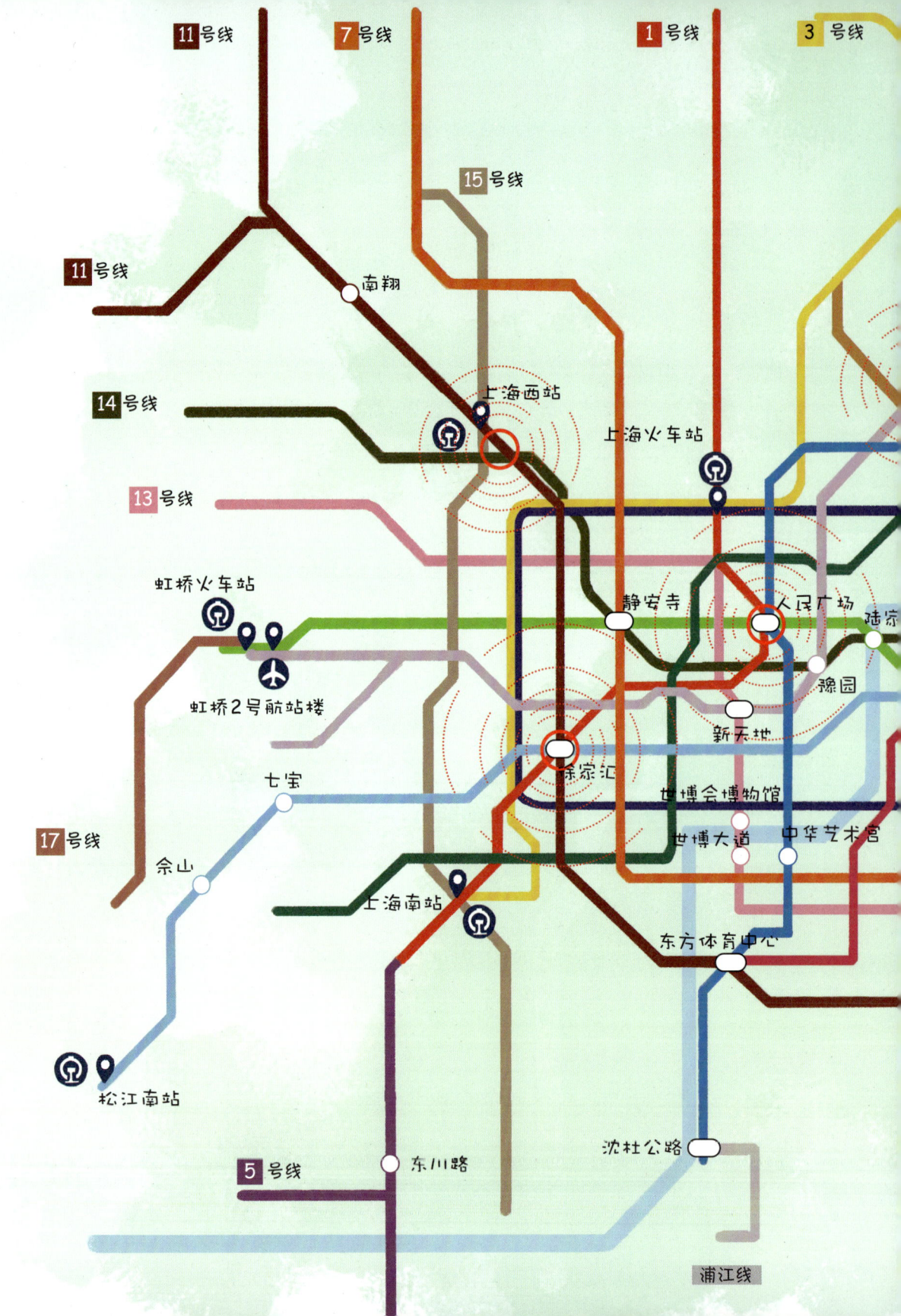

超级大家伙盾构机还在看不见的地下卖力前进,继续为上海建造更多的地铁线!

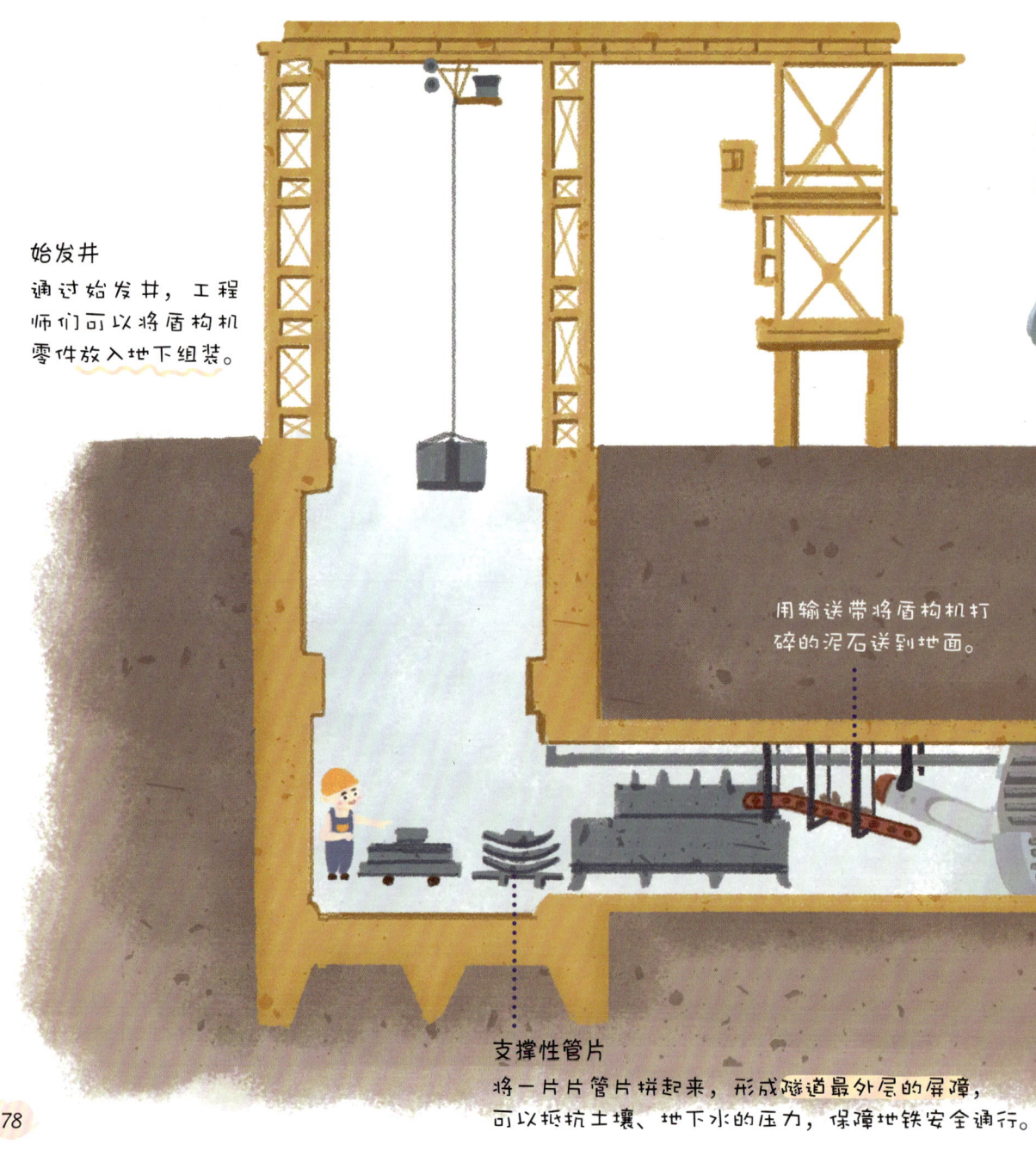

始发井
通过始发井,工程师们可以将盾构机零件放入地下组装。

用输送带将盾构机打碎的泥石送到地面。

支撑性管片
将一片片管片拼起来,形成隧道最外层的屏障,可以抵抗土壤、地下水的压力,保障地铁安全通行。

陆家嘴

外滩的对面是高楼林立的陆家嘴，上海中心大厦、环球金融中心、金茂大厦、东方明珠广播电视塔每天都戴着云朵的帽子。

上海中心大厦
2016年建成，高632米。作为中国第一高楼、世界第三高楼，它旋转上升的样子更具有未来感。柔和的弧度和了硬朗的金茂大厦和环球金融中心的造型架使它获得"打蛋器"的昵称。

环球金融中心
2008年建成，高492米。犹如用刀削成的雕塑，风格简洁硬朗，也被称为"开瓶器"。

金茂大厦
1998年建成，高420.5米。曾以88层的楼高被誉为"中华第一高楼"，造型模仿中国传统密檐宝塔的建筑式样，将中西方风格完美结合起来。当然，还有很多人称它为"注射器"。

书法家、官员、文学家……选深曾在此建造深曾封为礼部右侍郎，征地其故居和祖坟得名。选深的故乡。选深曾在此建军乐园，墓葬在黄浦江东岸，嘴因其故居和祖坟得名。明代文学家、

咦，你的汽水瓶是怎么开的？

用你背后那个。

东方明珠广播电视塔，高468米。1994年建成，以"大珠小珠落玉盘"的造型成为浦东乃至上海的标志。

金茂大厦、环球金融中心和上海中心，被称为"厨房三件器"——厨房上海小瓶器和丁罍器、开瓶器、注射器。

黄浦江还在这里拐了一个近九十度的大弯，细一看，还挺像一个张大的嘴巴。

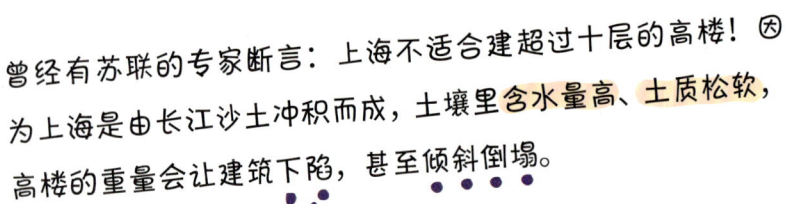

曾经有苏联的专家断言：上海不适合建超过十层的高楼！因为上海是由长江沙土冲积而成，土壤里含水量高、土质松软，高楼的重量会让建筑下陷，甚至倾斜倒塌。

就像看似平坦的沙滩，只要一踏上去，脚下沙子就会松动下陷，溅出水来。

为什么你们没有陷下去？

我的建筑师专门为我定制了坚固的地下空间！

因为我轻啊！

螺旋上升和流线造型可以减少风的阻力。要知道在500米的高空，风速可比地面要高2～3级。

直径达 1 米
长达 86.05 米

但是上海人愣是在这样的土地上建起了高 632 米的 **上海中心大厦**。这个重达 80 万吨的家伙非常坚固！

632 米

差不多有两个我那么高！

还有 70 个你那么重呢！

埃菲尔铁塔

阻尼器 ………… 永远和大楼受力反方向摆动，这样能减少大楼的摇晃感，提升安全性和舒适度！

建筑工程师们在上海中心大厦的地下打入 955 根 基桩 加固土壤，基桩上铺有一块 6 米厚的 钢筋混凝土板 来分摊大楼的重量，让上海中心大厦深深地插入坚固的土地，像定海神针一样稳当！

83

上海中心大厦还很环保。比如，为了更好地保持室温，它向保温瓶学习，建成了双层幕墙的结构。冬暖夏凉，不仅能减轻空调的负担，还能减少用电！

内外双层瓶胆

把空隙里的空气抽走，变成真空，隔绝了热量，就能起到保温的作用。

就像一个垂直的城市

再高点都可以摘星星了。

哎呀，东方明珠的天线上也有好多小球球呀！

简直是在踱步！

欢迎入住上海最高的酒店！

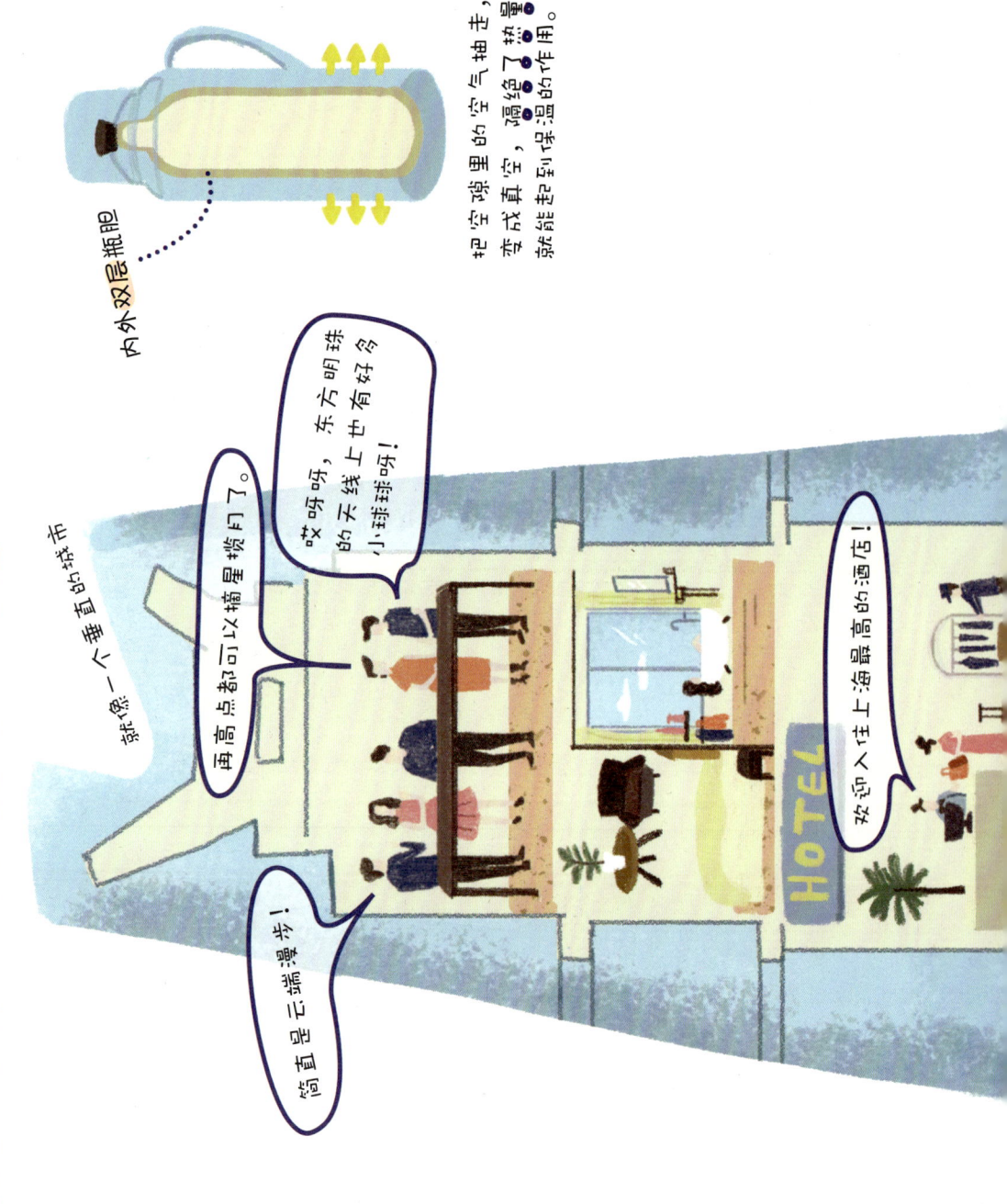

HOTEL

上海中心大厦在双层幕墙里设有21个空中花园，人们可以在空中花园的大客厅里聊天喝茶，远眺浦江沿岸嘈杂和分滩风景。

双层幕墙
夏天，隔离外界阳光的热量。冬天，让温暖的空气保留在上海中心大厦内。

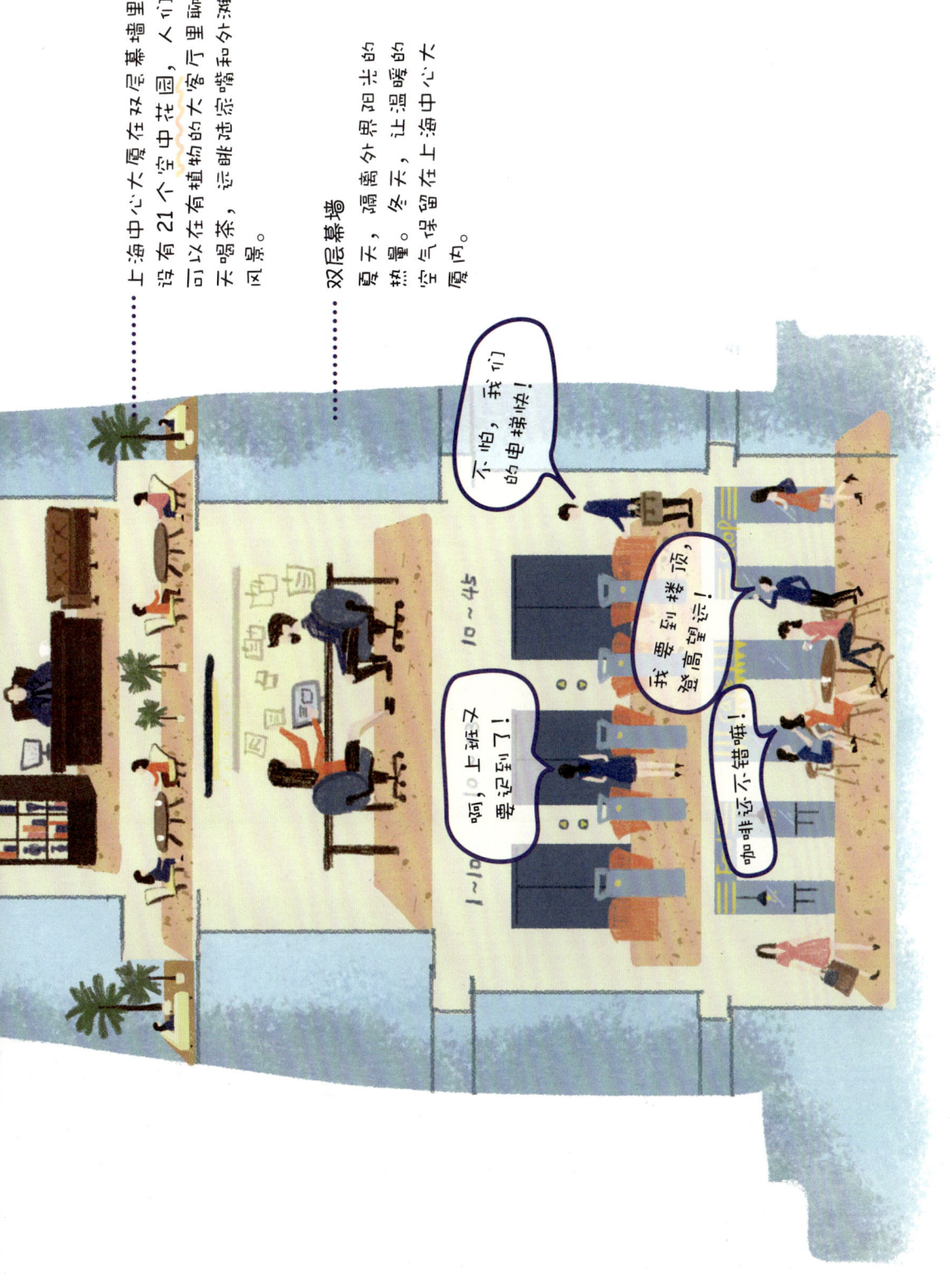

电梯用 55 秒就能到达位于 546 米的 118 层, 平均每秒要冲 ☐ 米。

最快可以达到 18 米/秒

走进上海中心大厦的电梯里, 不到一分钟就能"飞"到 118 楼!

我们是上海的速度, 飞一般的感受!

磁悬浮
作为世界第一条商业运营的高架磁悬浮专线, 最快 8 分钟就能跑完 29.863 千米, 平均每秒能跑 62.21 米。

在上海中心大厦下面，**上海少女**右手拿着香扇，左手轻提着鸟笼，扭身抬头顾盼，仿佛正优哉游哉地穿梭在陆家嘴的高楼间。

海派旗袍贴合身体的曲线，流露出上海女性的洋气和时髦。

作者：陈逸飞
著名导演、画家。

88

世博源

2010年，开放的上海迎来了世博会。

2010年上海世博会会徽

上海当代艺术博物馆⋯⋯⋯⋯⋯⋯⋯⋯⋯⋯⋯⋯⋯⋯⋯

黄

世博会演艺中心⋯⋯⋯⋯⋯⋯⋯⋯⋯⋯⋯⋯⋯⋯⋯
这个像飞碟的家伙能装下18000多人观看演出。

世博中心⋯⋯⋯⋯⋯⋯⋯⋯
中央指挥中心，管理世博会的方方面面，现在是上海召开大型会议的主要场所。

生命阳光馆⋯⋯⋯⋯⋯⋯⋯⋯

《维多利亚女王为1851年伦敦水晶宫博览会揭幕》

普莱尔　现藏于奥赛博物馆

1851年，英国在伦敦海德公园的水晶宫里举办了世界上第一届世博会，中国商人徐荣村带着12包湖州产的蚕丝来参展，这些"荣记湖丝"一举拿了大奖。

中国馆

世博轴
上海世博会主入口和主轴线。

World Exhibition or Exposition, 简称 World Expo.

世博会，全称为世界博览会，被誉为世界经济、科技、文化的"奥林匹克"盛会。1851年第一届伦敦世博会展示了当时世界最先进的蒸汽机器，之后的每届世博会都会展示当时的新发明。我们今天用的电话、洗衣机、白炽灯、留声机、柯达胶卷、电影放映机等都曾在世博会上展出过呢！

1853年纽约世博会
展示了带有安全装置的电梯，让摩天大楼得以在现代城市里长高。

1889年巴黎世博会
建起了高高的埃菲尔铁塔，四轮汽车和留声机的亮相揭开了未来世界的序幕。新式的四轮汽车首次与世人见面，人们为了听留声机放出的声音，不惜排上两三个小时的队。

1904 年圣路易斯世博会
莱特兄弟展示了飞机。对了,后来风靡全球的汉堡和蛋筒冰淇淋也是这届世博会的意外发明呢!

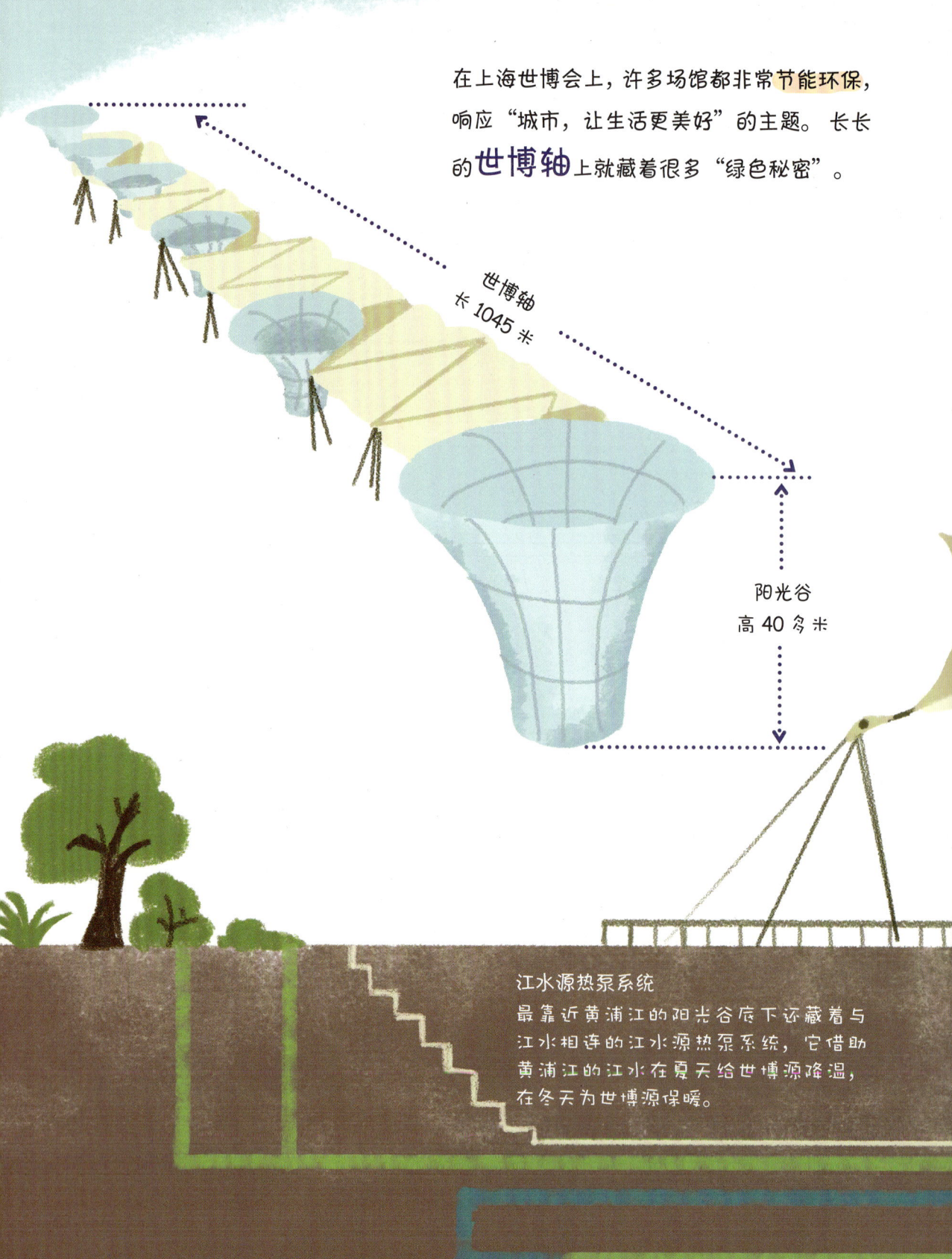

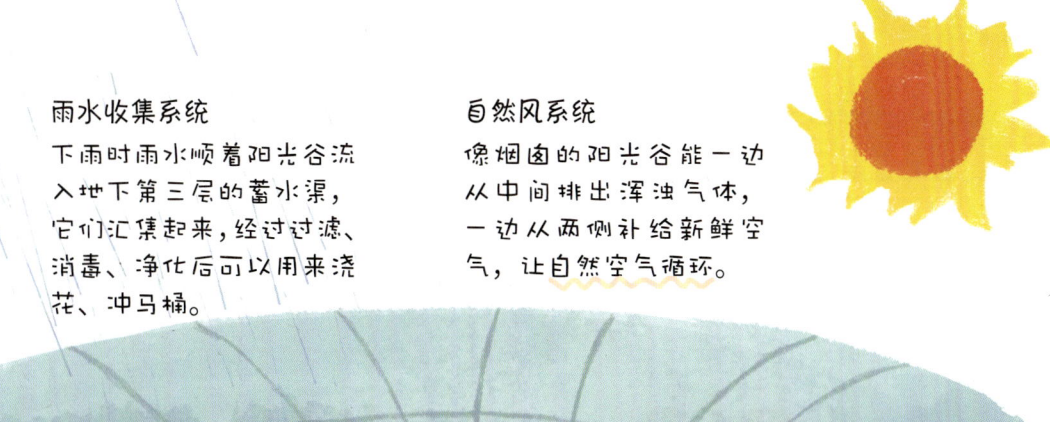

雨水收集系统
下雨时雨水顺着阳光谷流入地下第三层的蓄水渠，它们汇集起来，经过过滤、消毒、净化后可以用来浇花、冲马桶。

自然风系统
像烟囱的阳光谷能一边从中间排出浑浊气体，一边从两侧补给新鲜空气，让自然空气循环。

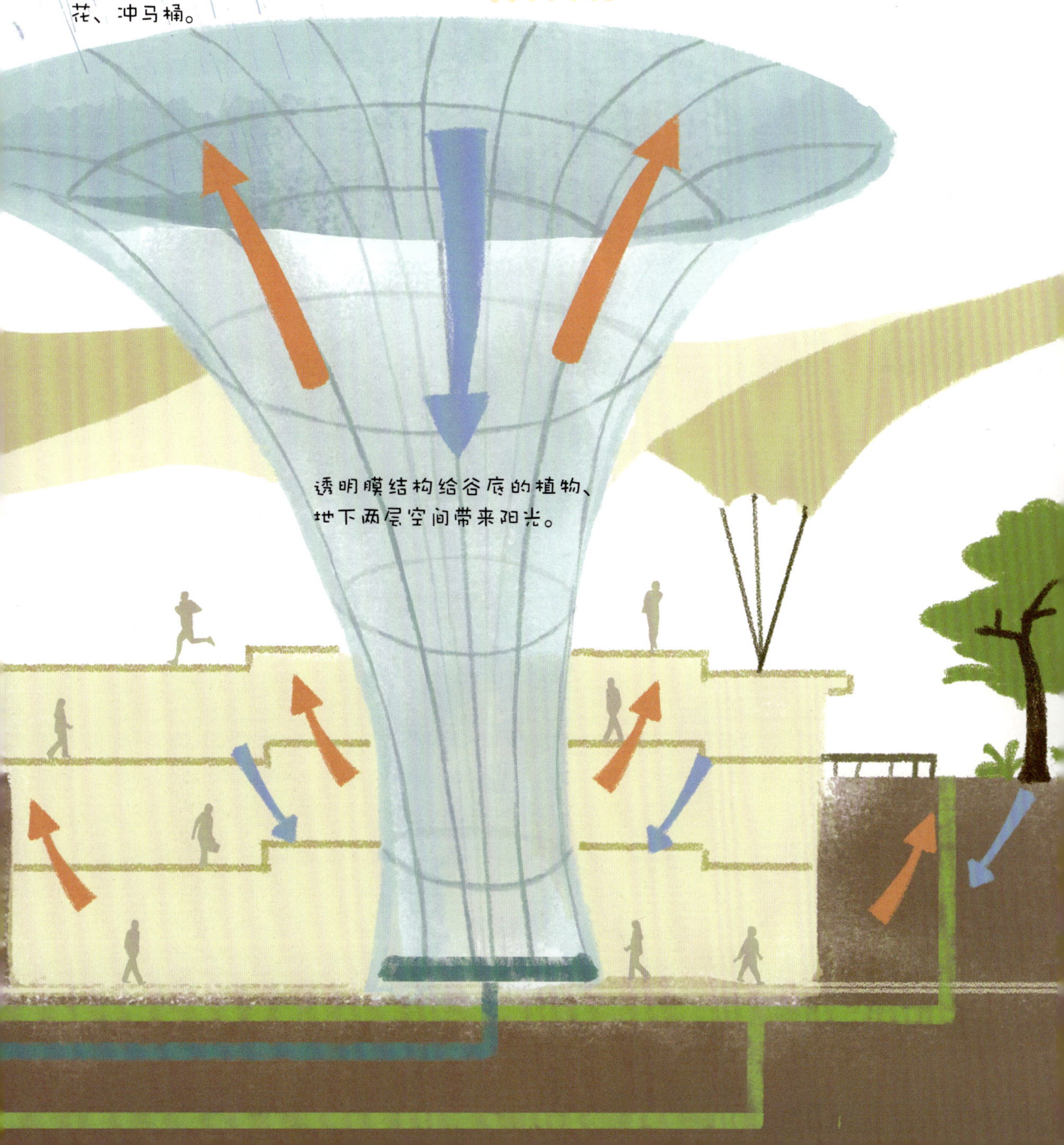

透明膜结构给谷底的植物、地下两层空间带来阳光。

世博轴旁边浓浓中国风的红色建筑就是**中国馆**了。它身上的红色可是由七种不同的红色组成的哦!

世博会结束后改名为中华艺术宫,成了向公众开放的博物馆。

斗拱从上到下由三种红色组成,而四个核心筒则采用另一种红色,馆内还有另外三种红色。

台阶上有细密而平行的纹路,这可都是由工匠们用斧子一刀刀砍出来的。

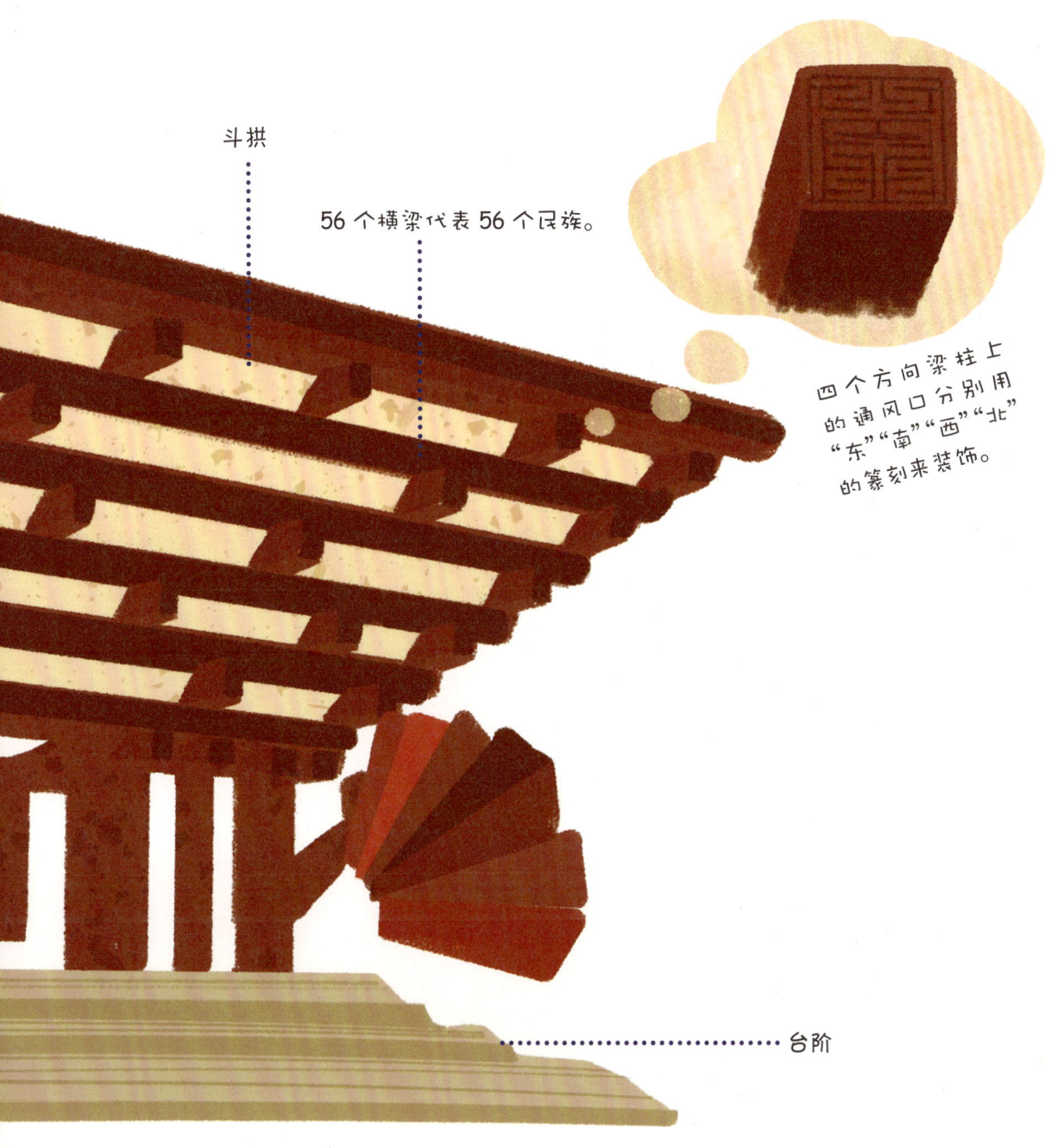

斗拱

56个横梁代表56个民族。

四个方向梁柱上的通风口分别用"东""南""西""北"的篆刻来装饰。

台阶

这七种深浅不一的红色可以防止"绿色幽灵"的出现！

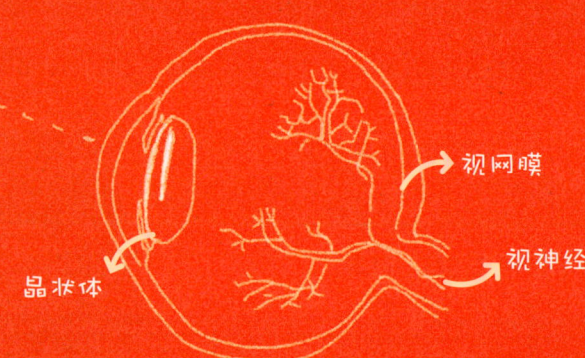

光线通过眼睛里的晶状体投射在视网膜上，视网膜上的细胞和神经把信息传递给大脑，在大脑中翻译成影像。

视网膜
视神经
晶状体

眼睛里的视细胞主要有视杆细胞和视锥细胞两种，它们分工合作，让我们感受到了光和色彩。

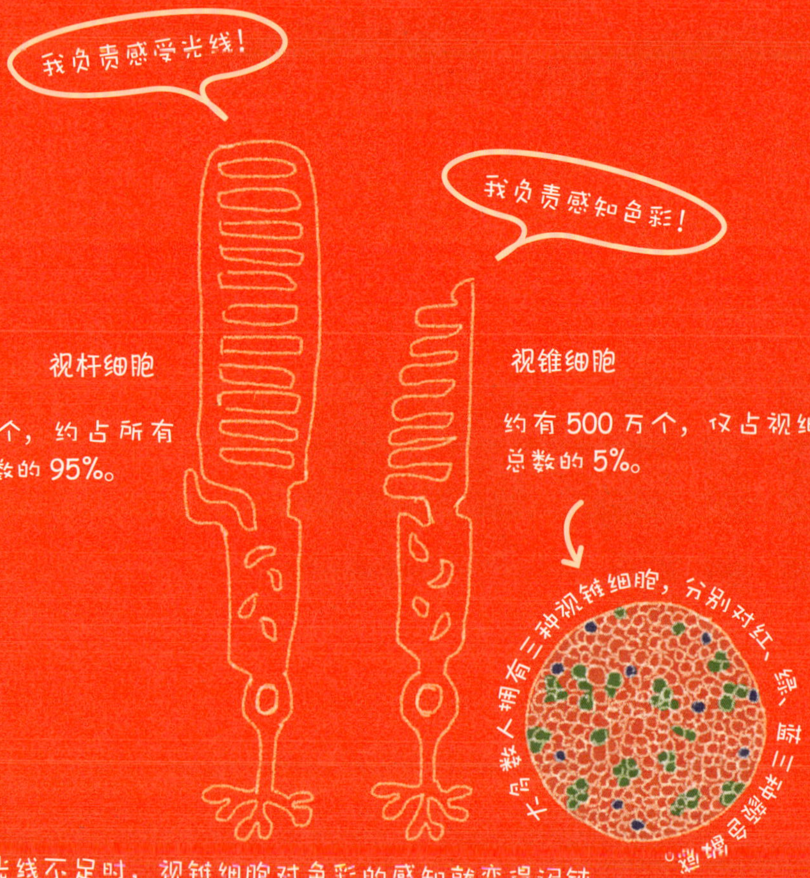

我负责感受光线！

我负责感知色彩！

视杆细胞

约有1亿个，约占所有视细胞总数的95%。

视锥细胞

约有500万个，仅占视细胞总数的5%。

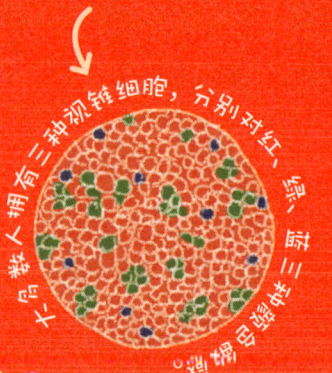

大多数人拥有三种视锥细胞，分别对红、绿、蓝三种颜色敏感。

当光线不足时，视锥细胞对色彩的感知就变得迟钝，于是光线一暗，我们看到的世界就缺少色彩了。

如果总是盯着一种红色看，视网膜上对红色敏感的视锥细胞就得拼了命地工作，不久就因"劳累过度""陷入昏迷"而停止工作。

此时稳扎稳打、对绿色敏感的视锥细胞就脱颖而出，我们的眼前就会出现许多绿色。

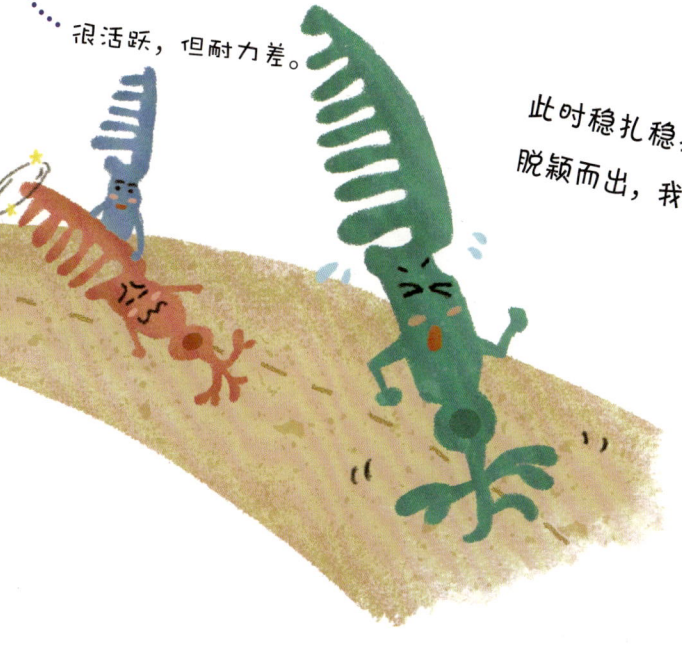

所以，中国馆把单一的红色改成几种深浅不一的红色，使眼睛里对红色敏感的视锥细胞接收到不同刺激，减少疲劳，由此，绿色幻影就不会出现了。

手术医生的衣服用绿色，就是为了减少医生因长时间看血液的红色而产生视觉疲劳，避免失误。

在中华艺术宫里还能看到上海美术电影制片厂拍摄的各种类型的动画片,它们是我国最经典的国产动画片呢!

木偶动画片

水墨动画片

剪纸动画片

折纸动画片

动画片《大闹天宫》

101

为了让静止的画面在动画片里呈现出动态，一个完整的动作需要画至少 12 张不同瞬间的分解图。

用摄影机拍下画好的动画。

这些可以动的动画片，可是动画师一帧一帧做出来的呢！

为了更好地讲故事，剪辑师还会对拍好的胶卷进行剪辑。

增加新的内容或者去掉多余或不好的部分。

放映机播放胶卷。

放映机1秒内播放12~24帧静止的图画，这样快速播放会给大脑造成画面在动的假象。

103

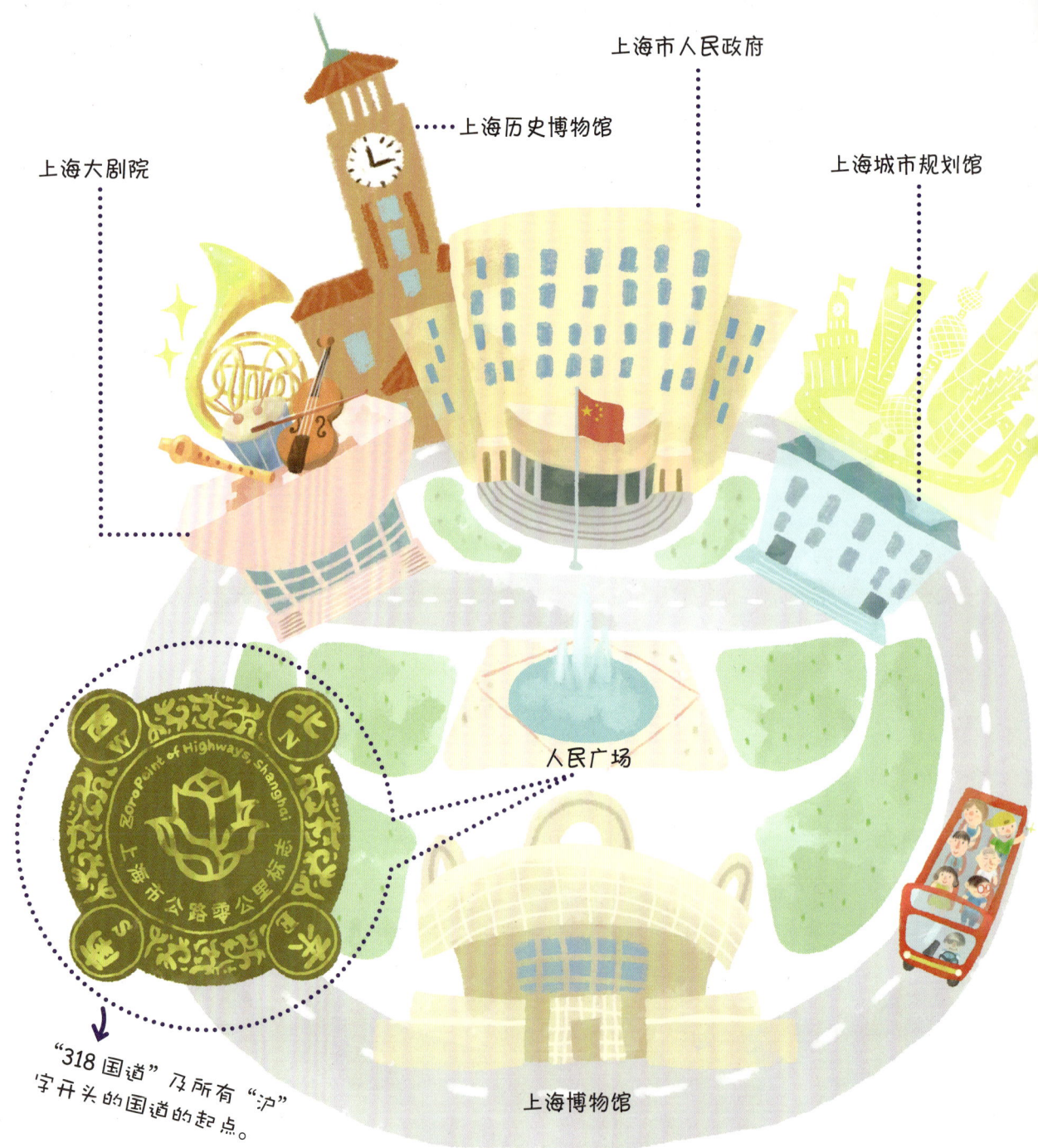

人民广场处于上海的中心区域,从它圆形的构造里,依稀还能看出跑马场的影子。

参见本书第38页。

上海博物馆

上海博物馆就像一口青铜火锅,"炖煮"着中华五千年的灿烂文明。

105

上海博物馆最精华的展品当数**青铜器**了。

青铜是铜、锡、铅的合金。真正的青铜是金色的，今天我们在博物馆里看到的是生了锈的青铜。

古人在五千多年前就开始用青铜制品了。到了三千多年前的商朝，已经可以铸造很精美的青铜器了。

范铸法

制模
用泥制作青铜器具的模型，刻上花纹。

制范
在模型的外侧糊上厚厚的泥巴，阴干后，坚硬的外范就制成了。

刮去的厚度就是所铸青铜器的厚度。

 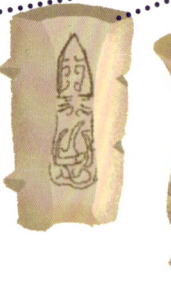   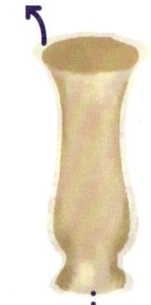

将泥模刮去薄薄一层，制成内范。

浇铸
拼合好内外范，盖上范盖，从预留的小孔倒着浇铸青铜液，把内外范之间的空隙填满。

范盖

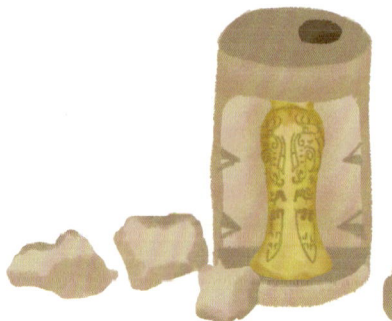

打碎内外范，修正表面，一尊青铜器就完成了。

106

失蜡法

泥芯 — 用泥制作泥芯。

蜡模 — 在泥芯的外层裹上蜡。

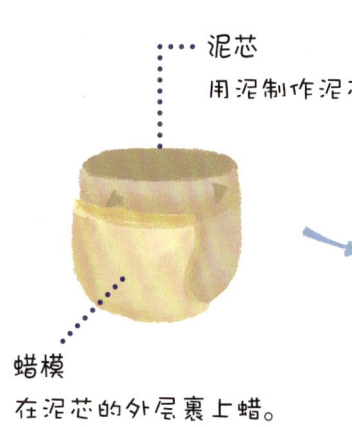

制范 — 用蜡模做范。

在蜡上细致雕刻，形成蜡模。

在蜡模外层涂上泥浆和耐火的材料，制成坚硬的范。

取蜡 — 用高温融化蜡，使蜡液从范中流出。

浇铸 — 倒着浇铸青铜液。

打碎范，修正表面，装饰复杂的青铜器就完成了。

不过，造一个青铜器还是很费时间和金钱的，所以祖先们一般只在祭祀或宴会时使用它们。

青铜器根据用途可以分为食器、水器、酒器、乐器和兵器。但到最后它们大多用作礼器。

祭祀、宴会等一些重要场合才使用的器具。

镶嵌狩猎画像纹豆

一种食器，可以用来盛放腌菜、肉酱，当然也可盛放饭食。

母癸甗 yǎn

古代的蒸锅。

镶嵌十字纹方钺

兵器，也是王权的象征。

大克鼎

西周礼器。

亚其爵

饮酒器，或热酒的器具。

鼎是青铜器里最为人所熟知的一类。传说，大禹在很久很久以前造了九个鼎，他在鼎上刻满图案，用来教百姓辨别鬼神。

战国时期，秦武王嬴荡举鼎时被压断了腿骨，不幸身亡。

春秋时期，楚庄王熊旅向王孙满打听鼎的重量，意图与天子共同治理天下。于是人们用"问鼎中原"表示企图夺取天下。

慢慢地，九鼎成了天子权力的象征，诸侯"举鼎""问鼎"就具有了夺取天子权力的意味。

周朝，人们用鼎来区分身份地位。

天子最大，能用9个；

诸侯次之，能用7个；

卿大夫用5个，

元士用3个，

普通百姓可用不起鼎。

据《史记》记载，力大无比的楚霸王项羽能举起鼎。后来，他和诸多伙伴一起推翻了秦朝的统治。

111

七脆胎鼎中的一个，如今它的六个兄弟分散在世界各地的博物馆里。

上海博物馆的 大克鼎 是周朝贵族 克的鼎，因为立了功，克便享有了同诸侯一样的地位。

口直径 75.6 厘米

高 93.1 厘米

重达 201.5 千克

克为了让后世子孙都知晓祖父和自己的功绩，就在鼎圆鼓鼓的肚子里刻了 290 个字。

铭文分两段。

克用华美的辞令赞颂自己的祖父师华父辅佐周王的功绩，并赞美祖父谦逊的品质和恬静的性格。

克做官以来，周王给克的册封和赏赐。

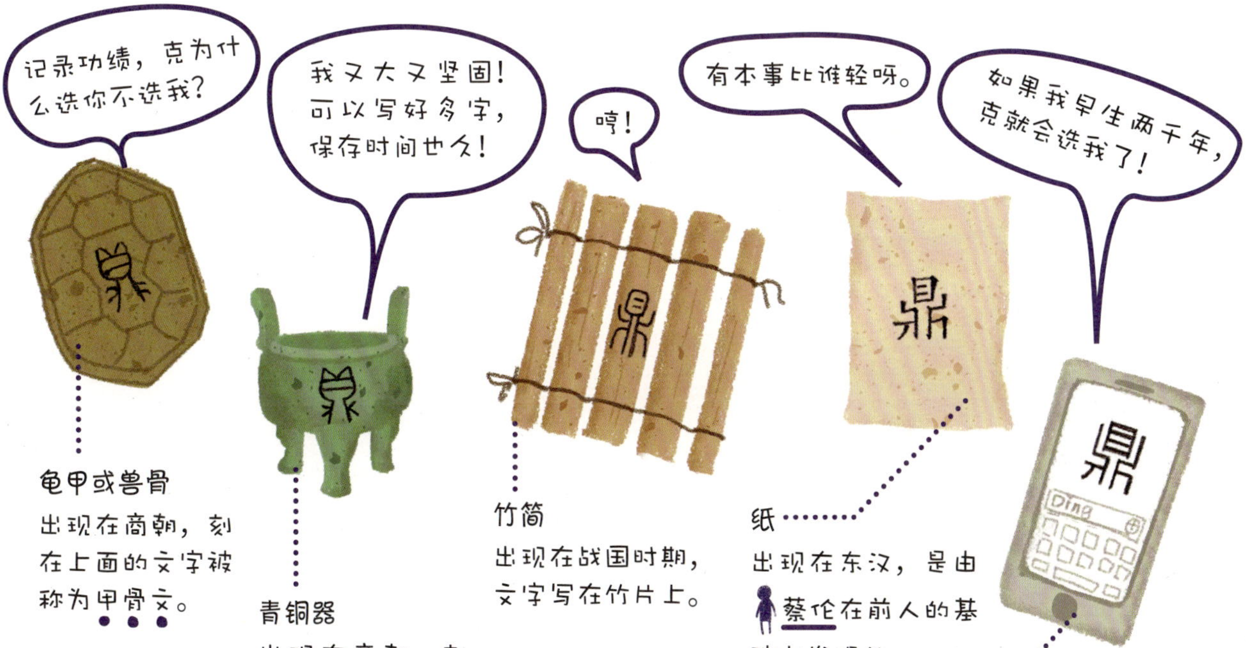

记录功绩，克为什么选你不选我？

我又大又坚固！可以写好多字，保存时间也久！

哼！

有本事比谁轻呀。

如果我早生两千年，克就会选我了！

龟甲或兽骨
出现在商朝，刻在上面的文字被称为甲骨文。

青铜器
出现在商朝，刻在金灿灿的青铜上的文字叫金文。

竹简
出现在战国时期，文字写在竹片上。

纸
出现在东汉，是由蔡伦在前人的基础上发明的。

电子产品
互联网时代，人们爱用电脑、手机等记录信息。

113

编钟是一种很古老的乐器，一般就在宫廷里演奏，百姓很少有机会亲眼见识。

据说，在三千五百年前的商代就有了编钟。

晋侯稣钟就是贵族晋侯的编钟。

共16件，有14件藏于上海博物馆，另外2件藏于山西博物院。

枚……
消减振动和多余的杂音。

由于青铜很贵，聪明的乐师发明了"一钟双音"，就是通过敲击一个钟的侧面和正面发出两个音。

这种钟也叫"甬钟"，钟顶有中空甬柱，便于悬挂。

还有一种钮钟，通过将绳子穿过钟顶上的钮来悬挂。

编钟的大小不同，发出的声音也不同。钟体小，声音就高，比较清亮；钟体大，发出的声音就低沉稳重。

这些青铜器里最神气的还是八牛贮贝器。打开它的盖子,就能看到一串串的小贝壳,古人难道也爱收集贝壳?

读作 zhù,"储藏"的意思。

盖子上有八头牛

贝币
最原始的货币之一,在世界上很多地区都被使用过。

银锭
元朝开始人们逐渐称其为"元宝"。又因为它像马蹄形,也被称为"马蹄银"。

其实，那些贝壳是古人用的钱币，八牛贮贝器就是他们的存钱罐啦。

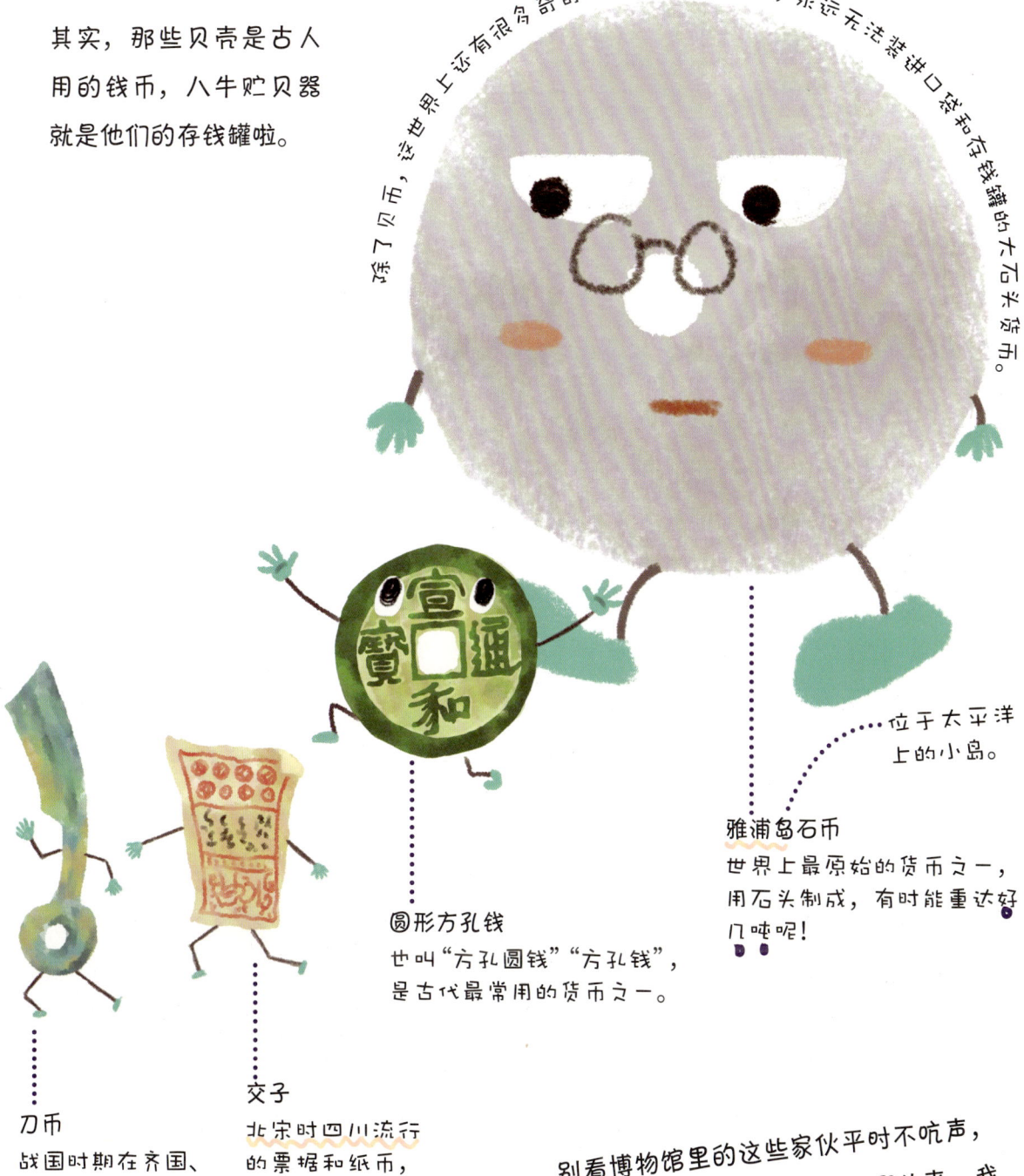

除了贝币，这世界上还有很多奇奇怪怪的货币。比如，永远无法装进口袋和存钱罐的大石头货币。

位于太平洋上的小岛。

雅浦岛石币
世界上最原始的货币之一，用石头制成，有时能重达好几吨呢！

圆形方孔钱
也叫"方孔圆钱""方孔钱"，是古代最常用的货币之一。

刀币
战国时期在齐国、燕国、赵国等国使用的货币。

交子
北宋时四川流行的票据和纸币，是世界上最早正式发行的纸币。

别看博物馆里的这些家伙平时不吭声，它们是在悄悄地讲述我们从哪儿来、我们是谁，又将去往何处的故事！